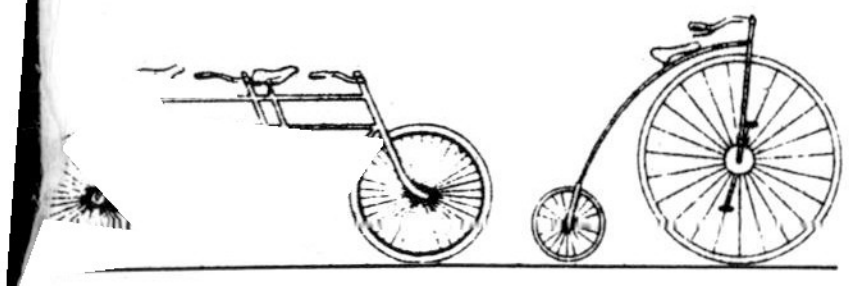

Eckhard Möller **Irre Fahrradtypen**

W0387749

Reihe VELO

Herausgeber:
Monika Zimmermann
Konrad Otto-Zimmermann

Band 1
Fahrradrecht - heute und morgen
Band 2
Irre Fahrradtypen
Band 3
Fahrradpolitik
Band 4
Fahrrad-Abstellanlagen

Bauverlag GmbH · Wiesbaden und Berlin

Eckhard Möller

Irre Fahrradtypen

Phantasievolle Fahrradbastler und ihre Werke
Mit Hinweisen zum Selbstbau

Die Herausgeber

Monika Zimmermann, geboren 1957, hat in Konstanz und Berlin Verwaltungs- und Politikwissenschaften und Publizistik studiert. Sie arbeitet als Diplom-Politologin am Institut für Stadtforschung Berlin mit dem Schwerpunkt Umweltforschung und war langjährig Vorstandsmitglied des Bundesverbandes Bürgerinitiativen Umweltschutz (BBU).

Konrad Otto-Zimmermann, geboren 1951, studierte Stadt-, Regional- und Landesplanung in Hannover und Verwaltungswissenschaften in Speyer. Seit 1977 ist er beim Umweltbundesamt in Berlin für Umweltfragen der Raum- und Stadtplanung sowie der Verkehrsplanung zuständig und leitet heute das Fachgebiet „Umweltplanung". Er ist Initiator des Modellvorhabens „Fahrradfreundliche Stadt".

Die Fotos, soweit sie nicht von den Einsendern zur Verfügung gestellt wurden bzw. vom Autor selbst „geschossen" wurden, stammen von:

Seite 12, 13, 40, 66, 67	Thomas-Peter Henningsen, München
Seite 27	Rainer Pivit, Oldenburg
Seite 38, 39	Walter Wyss, Zug/Schweiz
Seite 39	Zeichnung von Benni Weiss, Zug/Schweiz
Seite 55	Helmut Wohner, Eberstadt
Seite 56	Hans Jürgen Fratzer, Hannover
Seite 64	Stefan Hörttrich, Bielefeld
Seite 69	ADAC Bilderdienst, München
Seite 80	Roman Größer, Riedstadt

Die Illustrationen der „Fahrradveteranen" sind mit freundlicher Druckgenehmigung entnommen aus:

Seite 3	„Altes Fahrrad" im Oberhessischen Museum in Gießen
Seite 9	Personen- und Lastentransporträder der Firma Stukenbrok, Einbeck, aus deren Katalog 1912
Seite 41	„Der große Übungssaal der Pariser Velociped-Vereinigung". Holzschnitt von 1869.– In: L'Illustration, Paris 1869

Der Verlag dankt Herrn Hans W. Fechtler aus Braunschweig, der den findigen „Fahrrad-Segler am Strand" für den Umschlag fotografierte.

Das Werk ist urheberrechtlich geschützt.
Die dadurch begründeten Rechte, insbesondere die der Übersetzung, des Nachdruckes, der Entnahme von Abbildungen, der Funksendung, der Wiedergabe auf photomechanischem oder ähnlichem Wege (Fotokopie, Mikrokopie) und der Speicherung in Datenverarbeitungsanlagen, bleiben, auch bei nur auszugsweiser Verwertung, vorbehalten.

©1984 Bauverlag GmbH, Wiesbaden und Berlin

Druck: Wiesbadener Graphische Betriebe GmbH, Wiesbaden

ISBN 3–7625–2242–1

CIP-Kurztitelaufnahme der Deutschen Bibliothek

Reihe Velo / Hrsg.: Monika Zimmermann, Konrad Otto-Zimmermann. – Wiesbaden ; Berlin : Bauverlag
NE: Zimmermann, Monika [Hrsg.]
Bd. 2. Möller, Eckhard: Irre Fahrradtypen. – 1984

Möller, Eckhard:
Irre Fahrradtypen : phantasievolle Fahrradbastler u. ihre Werke ; mit Hinweisen zum Selbstbau / Eckhard, Möller. – Wiesbaden ; Berlin : Bauverlag, 1984.
(Reihe Velo ; Bd. 2)
ISBN 3–7625–2242–1

Vorwort

Daß es kein preiswerteres, umweltschonenderes und gesünderes Fahrzeug als das Fahrrad gibt, darf wohl inzwischen als Allgemeinplatz gelten. Als Beförderungsmittel hat es sich bewährt und ist darüber in die Jahre gekommen. Schon vor rund 100 Jahren hat es seine endgültige Form gefunden. Endgültig? Sollte das Fahrrad ein technischer Gegenstand sein, an dem es nichts mehr zu verbessern, neu zu erfinden gäbe? Kann sich an ihm nicht doch noch die Phantasie entzünden?

1982/83 gaben die Herausgeber dieser Reihe, Monika Zimmermann und Konrad Otto-Zimmermann, eine Anzeige auf, die Selbstbauer von Fahrrädern aufforderte, von ihren "Kreationen" zu berichten und sie in Fotos und Zeichnungen vorzustellen. Über 60 Einsendungen trafen ein, und im Laufe der Zeit kamen noch eine Menge dazu. War ich zunächst über die große Resonanz überrascht, wieviel mehr dann über den Einfallsreichtum und den Witz der Einsender. Ich hoffe jetzt, daß dieses Buch eine Menge davon vermittelt – und Appetit macht, es selbst einmal mit Selbstbauen zu versuchen. Denn einfach so im Laden kaufen kann man keines dieser Räder, die meisten sind Einzelstücke, viele sind immer im Bau und werden ständig weiter verbessert.

Allen Einsendern danke ich herzlich für ihre Mühe und die gute Zusammenarbeit, insbesondere Christian Kuhtz und seinen Freunden aus Kiel, von denen die Bauanleitungen und viele interessante Vorschläge stammen. Ich hoffe, daß viele Leser sich von diesem Buch anregen lassen, ein Fahrrad nach eigenen Vorstellungen zu bauen, möchte aber darauf hinweisen, daß jeder für die sorgfältige und verkehrssichere Ausführung selbst verantwortlich ist, und deshalb Verfasser, Einsender und Verlag jede Haftung ablehnen.

Wer weitere Informationen zu den einzelnen Modellen wünscht, findet am Ende des Buches die Adressen der Fahrradbauer. Wer aber selbst einen Eigenbau zu Hause hat, der möge mir oder dem Verlag schreiben. Wir sammeln weiter.

Viel Spaß beim Lesen und beim Basteln.

Bremen, Achimer Straße 50 Eckhard Möller

Etwas Irres in der Reihe VELO

Vorwort der Herausgeber

Es ist schon irre, was da durch die Gegend fährt! Als wir die Idee zu diesem Buch entwickelten, waren wir schon recht zuversichtlich. Die Ausbeute unserer Recherchen, die wenige Monate später auf dem Tisch lag, übertraf dann jedoch alle unsere Erwartungen.

Da haben passionierte Fahrradfans das größte Fahrrad der Welt, andernorts das längste Fahrrad der Welt gebaut. Ob als Ruderrenner mit Armantrieb oder Velo mit sechs Vorderrädern, ob als Giraffen-Tandem oder Liegesesselrad, ob als Solar-Velo, Volksfahrrad oder Kabinendreirad – die Palette irrer Fahrradtypen kennt offenbar keine Grenzen.

Bei unseren Nachforschungen stießen wir auf manch interessantes Nest kreativer, lustiger, unermüdlicher Fahrradbastler, aber auch auf fleißig-verbissene Konstrukteure, die mit jeder Neukonstruktion im Wettkampf mit sich selbst liegen. Wir machten so manche Verbindungslinie zwischen den Velo-Selbstbauern aus: ein Netz der Fahrradselbstbau-Fans scheint zu entstehen. Schnell sprach sich unter Insidern die Planung dieses Buches herum.

Das Sympathische an den ideenreichen ‚Fahrradtypen': sie basteln Eigenbauten nicht mit Blick auf Serienfertigung, Vermarktung und das große Geld, sondern schlicht aus Begeisterung und zur eigenen (und der Nachbarn) Freude. Das Freundliche an ihnen: sie waren unserem Projekt gegenüber aufgeschlossen, sandten Zeichnungen und Fotos und gaben ausführlich Auskunft über sich und ihre Werke. Das Liebenswerte: sie schickten uns Fotos nicht nur von technischen Details, sondern von Alltagssituationen, die häufig den stolzen Erfinder mit seinem Werk zusammen zeigen. Das Faszinierende: sie haben fast alle eine Reihe weiterer, noch nicht realisierter Projekt-Ideen im Kopf.

Dem Autoren, Eckhard Möller, aus der Fahrradstadt Bremen, danken wir für die immense Mühe, die Fülle des Materials bezwungen und das Buch in Text und Bild gestaltet zu haben.

Als Herausgeber der Reihe VELO hoffen wir, daß die "Irren Fahrradtypen" den Lesern einige Stunden Spaß bescheren und vielleicht den einen oder anderen dazu verführen können, sich mit einer ganz neuen, ganz irren Idee in die Werkstatt oder den Bastelkeller zu verkriechen . . .

Berlin

Monika Zimmermann
Konrad Otto-Zimmermann

Inhalt

Im Rückspiegel

Man erinnere sich: Zu Zeiten, als die Bilder laufen lernten, stieg der Mensch aufs Rad, das sich damals noch des schönen, heute etwas exotischen Namens "Veloziped" erfreute.

So wohltönend der Name, so vielfältig die Gestalt! Ein findiger Kopf, Freiherr Drais, der sich der Vaterschaft rühmt, half auch als Pate aus: Draisine nannte sich hinfort das Gefährt, das sich zunächst – wie Jugendliche sich manchmal betragen – weder dem Namen noch der Gestalt nach ins erzieherische Korsett seiner heutigen Zweckform pressen lassen wollte.

Das Fahrrad – auf diesen funktionellen Begriff reduziert das Lexikon unser Fahrzeug – zweirädrig, einspurig mit einem Fußantrieb über eine Kettenübersetzung – so sei es?

"Halt!" rufen da fröhliche Velojünger zwischen Flensburg und Garmisch und beweisen auf den folgenden Seiten, dem Urahnen Drais zur Freude und dem Lexikographen zum Zorn, daß das alte Velo das ewig junge, vielgestaltige Fortbewegungsmittel geblieben ist.

Kein' Frust, sondern Lust mit der Last

Lastenbeförderungsräder

Vielleicht nur ein Kasten Bier ist es manchmal, der viele begeisterte Radler wieder zu Autofahrern werden läßt. Denn der Wochenendeinkauf einer Familie oder einer Wohngemeinschaft überfordert oft die Tragfähigkeit eines normalen Fahrrades, zumal , wenn auch noch die Kinder mit von der Partie sind.

Dieses Problem hat findigen Köpfen unter den Radlern keine Ruhe gelassen, deren Lösungen in einer Anzahl sehr verschiedenartiger Transporträder hier vorgestellt werden.

Nun hat nicht jeder die technischen Möglichkeiten, solche Um- und Neubauten auf die Räder zu stellen. Aber wer ein bißchen sucht, wird feststellen, daß es eine Reihe verschiedener Transportrad-Modelle zu kaufen gibt. Und wem ein Rad für sich allein zu teuer ist – man kann sich ja auch mit den Mitbewohnern im Haus, den Kollegen in der Firma, den Nachbarn zusammentun.

Dreirad

Franz Schimmelpfennig, Kleinblittersdorf

Ein geradezu klassisches Modell eines LKR (eines Lastkraftrades): Der Umbau eines normalen Hollandrades unter Verwendung einer Hinterachse mit Differential und Dreigangnabe (Fa. Kynast). Der Weidenkorb kann gegen einen Kindersitz ausgetauscht werden.

Platzprobleme gibt es mit diesem Rad kaum – wird es nicht gebraucht, kann es hochkant auf den "Hinterbeinen" in die Ecke gestellt werden.

Stadtfahrrad

Peter Reimspiess, Stuttgart

Ein "Profi-Entwurf", die Abschlußarbeit eines Designers. Dieses Fahrrad wurde für den städtischen Nahbereich entworfen, die kleineren Laufräder (24") und die Rahmenform mit dem niedriger gelegten Oberrohr machen es auch bei hoher Zuladung handlich und leicht.

Der vordere Gepäckträger lenkt nicht mit – das ist gut für die Fahrsicherheit. Die Verwendung vieler handelsüblicher und genormter Teile erleichtert den Zusammenbau, erlaubt aber trotzdem viele Ausstattungsvarianten.

Rikscha

Dieter Kempass, Flensburg

Rund 600 Arbeitsstunden benötigte der Maschinenbaustudent Dieter Kempass für den Bau seiner eleganten Rikscha. Und 2.500,– DM hat er dafür ausgegeben, obwohl er fast alles selber gemacht hat.

Das Vorderteil stammt aus einem alten Damenrad und wurde durch weitere Rohre verstärkt. Der Aufbau aus Holz wurde auf einen Doppelrohrrahmen aufgesetzt.

(Fotos: Thomas-Peter Henningsen, München)

Die Rikscha ist luxuriös ausgestattet: Polstersitze, Klappverdeck, hydraulische Scheibenbremsen vom Motorrad, Differential und Achswellen von einem Kleinwagen, 5-Gang-Kettenschaltung. Die Blattfedern bestehen aus schichtverleimtem Eschenholz.

Das ganze Gefährt wiegt 80 kg, und man kann bis zu 250 kg zuladen – wenn der "Rikscha-Kuli" gut in Form ist.

Dackel (überlanges Lastenrad, zweirädrig)

Georg Böhmeke, Mellendorf

An einem Tag wurde dieses Lastrad aus zwei Klapprädern und Vierkantrohren zusammengeschweißt. Das Rad ist 2,50 m lang, hat 20-Zoll-Räder und eine Zuladung von ca. 150 kg. Die lange Kette wird über ein mitlaufendes Kettenrad geführt und durch eine Umlenkrolle – der alte Umwerfer einer Kettenschaltung – gespannt.

Das Rad wurde in den letzten Jahren als fahrende Werkstatt – man beachte den Schraubstock am Rahmen – und als Kaffeeverkaufsstand benutzt.

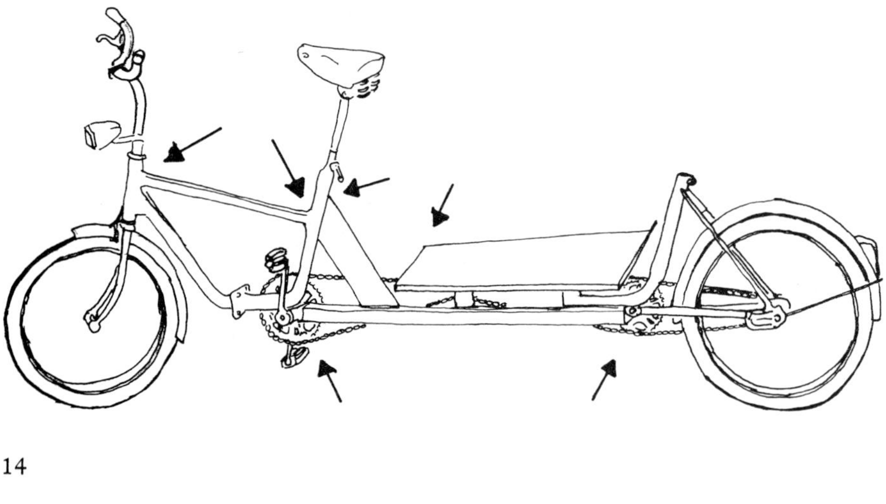

Die Pfeile zeigen, an welchen Stellen welche Teile mit einem Elektro-Schweißgerät eingefügt werden müssen.

Knickrad (dreirädrig)

Jens-Peter Hartke, Münster

An diesem Rad ist alles etwas anders: Angetrieben wird das Vorderrad (ein "ehemaliges" Hinterrad mit Dreigangnabe, umgedreht eingebaut, damit die Tretrichtung stimmt). Gelenkt wird mit dem gesamten hinteren Fahrzeugteil, der beweglich mit dem Vorderteil verbunden ist. Durch zwei Seilzüge, die an einer Riemenscheibe angebracht sind, wird die Bewegung von der Lenkstange nach hinten übertragen. Das Fahrverhalten ist allerdings etwas gewöhnungsbedürftig.

Drei Wochen haben J.-P. Hartke und seine Freundin Susanne an diesem Rad gebaut und nicht mehr als 30,– DM dafür ausgegeben, da sie bis auf Kleinteile alles Material vom Schrottplatz geholt haben.

Leergewicht 35 kg, Zuladung 90 kg, Länge 2 m, Breite 0,8 m.

Bak Fiets (dreirädriger Verkaufsstand)

Fahrradwerkstatt Glocksee, Hannover

Das abgebildete Lastrad ist eigentlich keine Neukonstruktion, sondern eine Wiederentdeckung. Zwei Mitglieder der Fahrradwerkstatt Glocksee haben das Gefährt im Urlaub in Holland gesehen und beschlossen, es auch in Hannover einzuführen. Aus mehr oder weniger schrottreifen "bak fiets", z.T. noch aus der Vorkriegszeit, haben sie sich inzwischen einen kleinen Fuhrpark aufgebaut, neben diesem fahrenden Marktstand noch drei Räder mit offener und geschlossener Ladefläche. Sie können für Transporte aller Art, für Umzüge, Ausflüge ins Grüne, Info-Tische und Demonstrationen zu günstigen Preisen gemietet werden.

Ausstattung und Maße: Kettenantrieb aufs Hinterrad ohne Schaltung und Freilauf – dadurch ist Rückwärtsfahren möglich –, blattgefederte Vorderräder, feststellbare Trommelbremse im Hinterrad.

Gewicht: (je nach Aufbau) 100 bis 150 kg, Zuladung: 200 bis 500 kg, Länge: 3,20 m, Breite: 1,35 m.

Die Fahrradwerkstatt Glocksee in Hannover ist im unabhängigen Jugendzentrum Glocksee untergebracht und hier finden sich auch die meisten "Kunden": Kinder und Jugendliche aus der Umgebung. Sie können in Selbsthilfe und unter fachkundiger Hilfestellung ihre Räder reparieren. Die Ersatzteile sind billig, da ein Großteil vom Sperrmüll kommt, die Benutzung der Räume und Werkzeuge ist kostenlos.

Getragen wird das alles von fünfzehn Schülern und Studenten, die sich vor vier Jahren zu einem Werkstattkollektiv zusammengeschlossen haben. In ihrer Freizeit betreuen sie die Werkstatt, besorgen Ersatzteile, bauen und experimentieren an ihren eigenen Fahrrädern und halten auch Kurse im Fahrradbasteln und in Radwegplanung ab.

Transportdreirad "Colibri"

Rainer Müller, Basel

In 65 Arbeitsstunden entstand dieses fachmännisch gebaute Lastenrad in der kommerziellen Velowerkstatt "Co 13" in Basel in der Schweiz. Ca. 1600,– Franken würde es in Einzelfertigung kosten.

Einige Details der Ausstattung: Antrieb über eine 3-Gang-Nabenschaltung auf das linke Hinterrad, Vorderradbremse, 2 Simultanbremsen hinten.

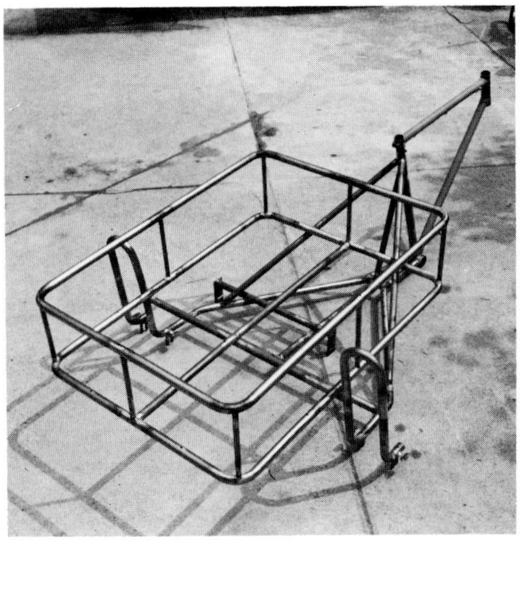

Müllfix

Bauanleitung von Christian Kuhtz, Kiel

Aus einem miesen Schrott-Damenfahrrad wird ein Lastrad mit großer Ladefläche über dem Hinterrad.

Je tiefer die Last liegt, um so sicherer das Fahren. Deshalb dient ein Klapp-Rad als Hinterrad.

Der Rahmen wird aufgesägt, anders gebogen, wieder zusammengeschraubt und wird stabiler als vorher. Das fertige Müllfix ist nicht viel schwerer als ein normales Rad.

1

Bauen Sie einem alten Damenfahrrad Gepäckträger, Hinterrad und Schutzblech ab. Stützen Sie das Rad unterm Tretlager ab, damit dieses in der ursprünglichen Höhe bleibt (Achse 27 bis 30 cm über dem Boden).

2

Jetzt geht's los: Sägen Sie die Hinterradstreben direkt an der Sattelmuffe ab. Besorgen Sie sich als neues Hinterrad ein gut erhaltenes Klapprad-Hinterrad, möglichst mit vielen Speichen.

Biegen Sie die Hinterradgabel so weit nach unten, bis sie die richtige Höhe für das neue Hinterrad haben. Beide Zinken gleich weit runterbiegen! Bei den Biegearbeiten unbedingt das Tretlager eingebaut lassen, sonst verzieht sich das Tretlagergehäuse!

3

Unterstützen Sie die Stelle mit einem Ziegelstein und klopfen Sie die Rohrenden mit einem dicken Hammer in ihrer Lage auf der Muffe platt.

4

Bauen Sie jetzt das neue Hinterrad ein. Dann biegen Sie die Hinterradstreben so, daß diese auf der Sattelrohrmuffe zu liegen kommen.

Bohren Sie quer durch alles ein Loch mit 6 mm Durchmesser, verschrauben Sie mit einer Schraube besserer Qualität (Kennzeichnung 8.8 oder 8G auf dem Schraubenkopf).

5

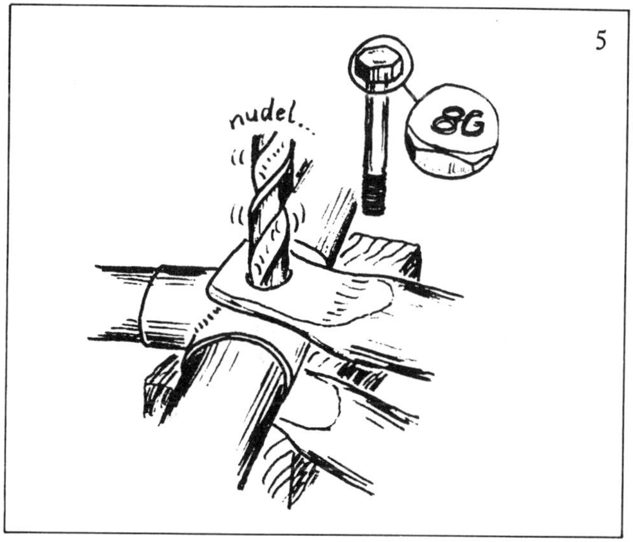

Nun ist der Rahmen des "Müllfix" fertig. Er ist mindestens ebenso stabil wie vorher. Sollte das Sattelrohr etwas schlapp sein, so daß es sich durch das Gewicht des Fahrers nach hinten verbiegt, dann stecken Sie einfach ein Stahlrohr als Verstärkung hinein. Gut paßt das Oberrohr eines Fahrradrahmens, zur Not auch ein Wasserrohr.

6

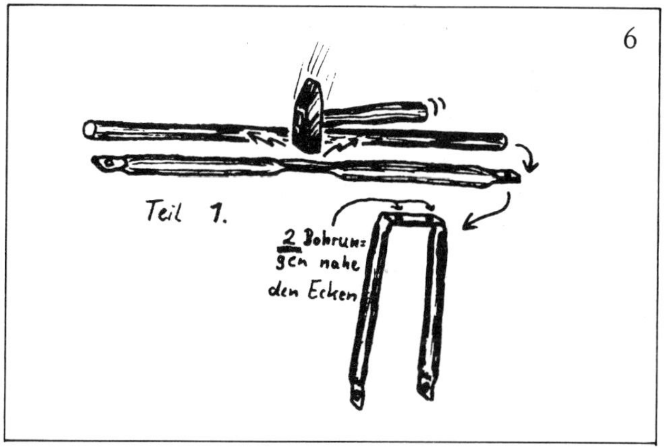

Jetzt kommen wir zum Bau des Tragegerüstes: Als Material dient das Rohr von alten Gartenklappstühlen, Wäscheständern, Bügelbrettern o.ä.

Die Arbeitsweise ist immer die gleiche: Auf Länge sägen, an Verschraubungsstellen plattklopfen und Schraubenlöcher bohren, passend biegen.

Zuerst fertigen Sie Teil 1. Das Rohrstück muß etwa 55 cm lang sein. Biegen Sie es zum Bügel, der über dem Hinterrad befestigt wird. Verwenden Sie dabei die Befestigungslöcher für Schutzblech und Gepäckträger am Rahmen.

7

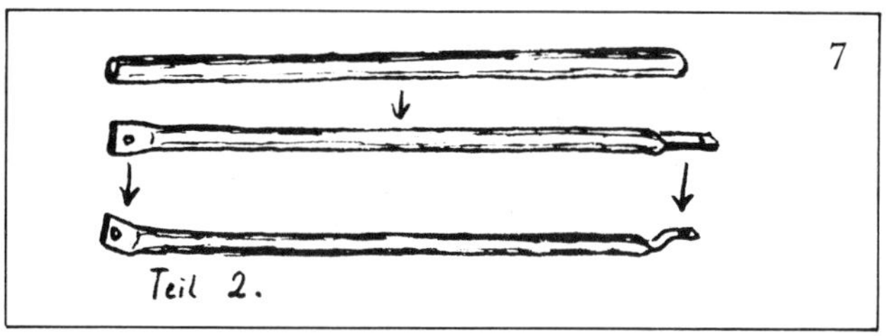

Dieses Teil wird zweimal angefertigt. Es soll 50–60 cm lang sein, je nach verwendetem Schrottfahrrad.

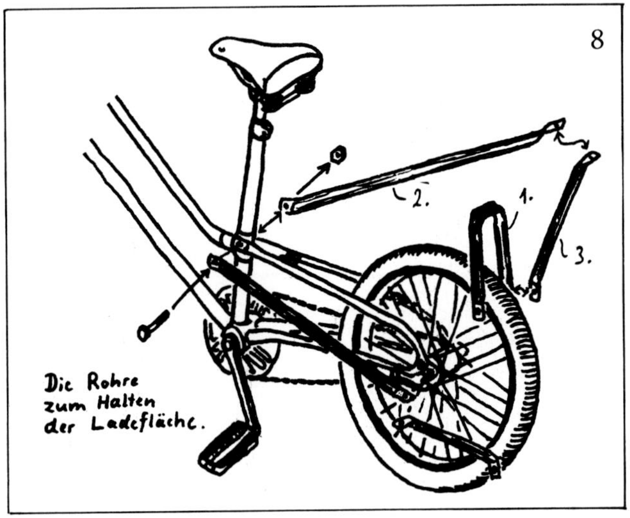

Befestigen Sie die Teile 2 mit der Schraube,die quer durch die Sattelmuffe geht und biegen Sie diese dann etwas nach außen. Sie sollten ca. 40 cm auseinanderstehen (Punkte b und c in den Zeichnungen).

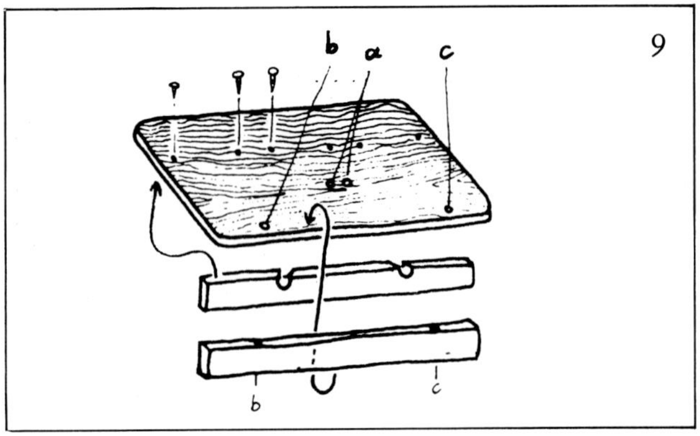

Als Ladefläche nehmen Sie am besten eine Platte aus wasserfestem Sperrholz (ca. 12 mm stark), an die Latten befestigt werden, die die Platte gleichzeitig verstärken.

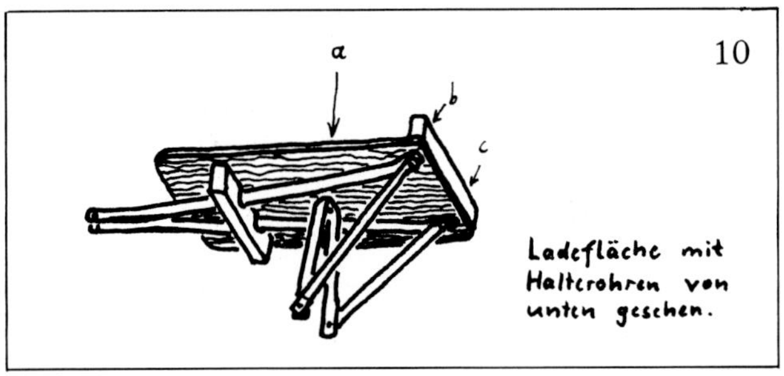

Legen Sie die Ladefläche provisorisch auf und befestigen Sie sie mit je einer Schloßschraube an den Punkten a, b und c. Achtung! Die Ladefläche nicht zu weit nach vorne schieben, sonst stößt man beim Treten mit den Fersen dagegen.

Als Schloßschrauben nehmen Sie die Stärke M6. Als Verstärkungslatten sind Dachlatten 3 x 5 cm gut geeignet.

Es fehlen jetzt noch die beiden Rohre Teil 3. Die kann man maßschneidern, wenn die Ladefläche provisorisch montiert ist. Ihre Länge beträgt zwischen 30 und 37 cm. Natürlich müssen beide gleich lang sein. Die Befestigungsenden sind etwas gegeneinander verdreht, damit sie sowohl am Fahrradrahmen als auch an der Ladefläche glatt aufliegen.

11

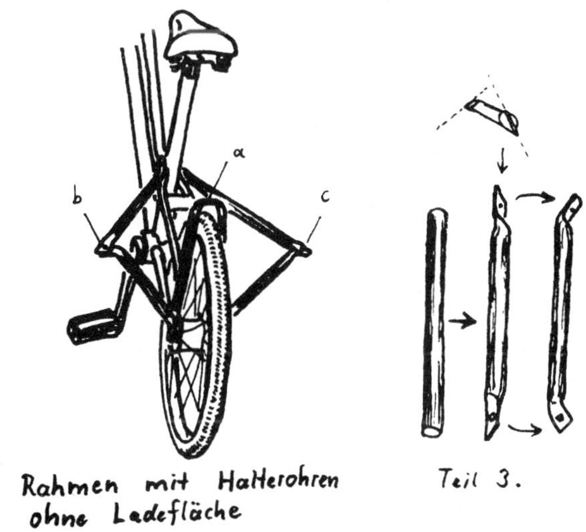

Bei aller Steifigkeit des Lastgestells ist nicht zu übersehen, daß es am Sattelrohr schlecht befestigt ist. Die Verbindung an der Sattelrohrmuffe ist ja beinahe nur ein Punkt, und um diesen Drehpunkt kommt die Ladefläche, und damit das ganze "Müllfix", ins Schwanken, wenn es schwer beladen ist.

Aber zwei zusätzliche Rohre, möglichst direkt von der Ladefläche zum Sattel geführt, schaffen hier Abhilfe.

12

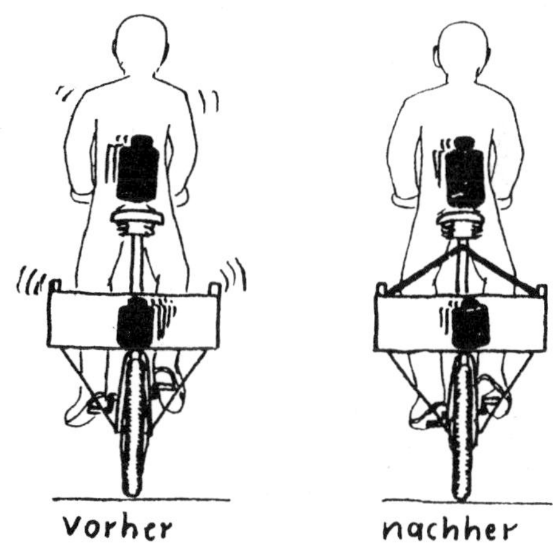

Immer dem Fortschritt am Hinterrad kleben

Stand der Fahrradtechnologie

Wer sich ein bißchen in der Geschichte des Fahrrades auskennt, weiß, daß früher das Fahrrad ein Gegenstand geradezu überquellender technischer Phantasie war, und sich ganze Scharen von Erfindern und die Industrie daran machten, immer wieder neue Formen und Verbesserungen für das beliebte Sportgerät und Fortbewegungsmittel zu finden. Das hörte mit der Erfindung und Verbreitung des Autos ziemlich schlagartig auf, auch weil inzwischen die "endgültige" Form des Fahrrades gefunden war: der Diamant-Rahmen, die Luftbereifung, der Kettenantrieb. Das Fahrrad war zu einem alltäglichen Verkehrsmittel geworden, das in großen Stückzahlen und zu erschwinglichen Preisen hergestellt wurde. Zu verbessern gab es scheinbar nicht mehr viel.

Erst in den letzten Jahren begann sich das zu ändern. In der Industrie, aber auch an Hochschulen und wissenschaftlichen Instituten wird mit neuen Techniken, Bauformen und Werkstoffen experimentiert. Im Vergleich zu dem Aufwand, den die Automobilindustrie zur Verbesserung ihrer Modelle treibt, passiert in Sachen Fahrrad noch lächerlich wenig. Aber es entstehen schon interessante Neuentwicklungen, wie z.B. das abgebildete "Vector" mit einer Karosserie aus hochfestem und leichten Kunststoff.

Daß auch Bastler und Erfinder gerade beim Fahrrad noch eine Chance haben, Neues und Besseres zu entdecken und zu entwickeln, zeigen die folgenden Seiten.

Sesselrad mit Vollverkleidung aus Styropor

Prof. Schöndorf, Fachhochschule Köln

Leitra-Dreirad

Karl-Georg Rasmussen, Kopenhagen (Dänemark)

(Fotos: Rainer Pivit, Oldenburg)

K.G. Rasmussen arbeitete als Ingenieur bei der dänischen Umweltbehörde. Eines Tages war er es leid, Umweltprobleme immer nur am Schreibtisch lösen zu müssen und er nahm sich vor, ein Fahrrad zu entwickeln, mit dem er sein Auto ersetzen konnte.

Ergebnis: Das Leitra-Dreirad. Die Basis bildet ein Gitterrohrrahmen. Die beiden gefederten Vorderräder (Abstand 90 cm) werden mit zwei Handhebeln gelenkt. Der Antrieb aufs Hinterrad erfolgt über eine Kettenschaltung. Viel Stauraum ist vorhanden: Neben dem Hinterrad und unter dem Sitz sind vier Gepäck-Container untergebracht. Hinter dem Sitz ist Platz genug für eine Bierkiste. Besonders pfiffig ist die windschnittige Karrosserie, die sich mit einem Griff abnehmen läßt: Durch mehrere Luftkanäle wird die Scheibe beschlagfrei gehalten, und der Fahrer mit Frischluft versorgt. Viele Bauteile sind aus glasfaserverstärktem Kunststoff, so beträgt das Gesamtgewicht nur 25 kg. Das Fahrzeug ist inzwischen so ausgereift, daß der Bau einer Kleinserie geplant ist.

Sein Auto hat Rasmussen schon lange verkauft. Für lange Strecken nimmt er sein Sportflugzeug. Im Heck fliegt dann das Leitra-Dreirad mit.

Dreirad

Bernhard Kleinhenz, Ahlhorn bei Cloppenburg

Vor drei Jahren hat er seinen "Schneckenblitz" gebaut, 10.000 km ist er bis jetzt damit gefahren, 12 km jeden Tag zu seinem Arbeitsplatz. Das Familien-Auto braucht er fast gar nicht mehr. Auch längere Touren hat er unternommen, einmal 500 km bis an den Rhein, in 4 Tagen und mit viel Gepäck.

Die Vorteile seines Dreirades sind recht überzeugend: Absoluter Wetterschutz auch bei strömendem Regen; großer Gepäckraum, der den Wochenendeinkauf oder die komplette Campingausrüstung spielend aufnimmt; durch die windschlüpfrige Verkleidung sind trotz des Leergewichts von 40 kg hohe Durchschnittsgeschwindigkeiten möglich; der bequeme, segeltuchbespannte Sitz stützt den Rücken gut ab, wodurch beim Treten mehr Kraft aufgebracht werden kann.

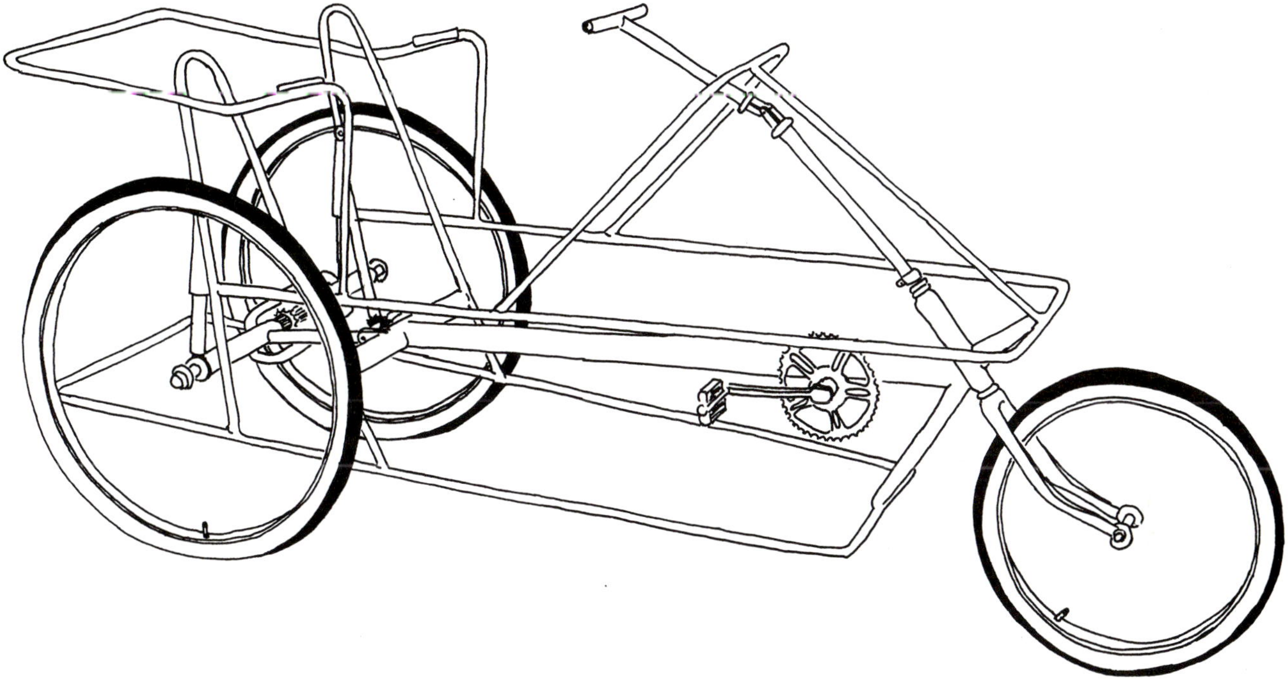

Der Bau des Rades ist nicht so kompliziert, wenn man ein E-Schweißgerät und einen Klempner hat, der einem die Rohre biegt. An einem Zentralrohr sind vorne Tretlager und Steuerrohr angebracht, hinten ein Querrohr, an das mit zwei Längsschwingen die Hinterachse (Fa. Kynast) mit Differential und Dreigangnabe angehängt ist. Die beiden Federbeine sind einem Mofa entlehnt. Die Verkleidung aus Scobalit (gibt's im Baustoffhandel) ist auf das Rohrgerüst aufgenietet.

Das Rad ist mit drei Felgenbremsen ausgestattet, in der Vorderradnabe läuft ein Dynamo mit, der einen Akku auflädt. So lassen sich Beleuchtung und Blinker auch im Stand benutzen. Das Verdeck ist faltbar. Das Gefährt ist nur 70 cm breit. So läßt es sich problemlos auf normalen Radwegen fahren.

High-Seater

Hans Joachim Bünder, Kirchlengern

H. J. Bünders Interesse gilt der Verbesserung des Antriebs.

Zuerst verlängerte er bei seinem "High-Seater" die Pedalkurbelarme. Dadurch bringt er mehr Kraft beim Treten auf. Aber die Tretgeschwindigkeit wurde dabei geringer und der obere und untere Totpunkt machten sich störend bemerkbar.

So kam er auf die Idee der abgebildeten Vorrichtung: Die Pedale sind jetzt in zwei hölzerne Stützen eingebaut, die – in Längsschlitzen beweglich – an einer Alustütze befestigt sind, die mit dem Rahmen fest verbunden ist.

Die Pedale bewegen sich jetzt nicht mehr auf einer Kreisbahn um die Kurbelachse, sondern auf einer Ellipse und legen so, trotz der längeren Kurbelarme, einen kürzeren Weg zurück. Und wenn sich die Kurbelarme im oberen oder unteren Totpunkt befinden, also senkrecht stehen, ist der Fuß schon ein Stück weiter, die Totpunkte werden so leichter überwunden.

"Nur das Besteigen des Fahrrades erfordert alle Geschicklichkeit und Mühe, da dies, um in den Sattel zu kommen, nur von hinten her über den Tritt möglich ist, ähnlich dem Besteigen eines Hochrades vergangener Zeiten."

Ein anderes Modell von H. J. Bünder ist der "Gnom", gebaut aus einem Klapprad mit 20-Zoll-Rädern. Hier sind die auf 27 cm verlängerten Pedalarme über eine Rolle mit einem Seil verbunden. An der Tretlagerachse sind sie mit Freilaufknarren (aus dem Werkzeugladen) verbunden. Die Pedalarme bewegen sich so in einem Bereich von 120° auf und ab. Damit sie sich bei ihrer Länge nicht durchbiegen, werden sie über eine kleine Rolle auf der halbrunden Gleitbahn abgestützt. Das Kettenblatt hat 60 Zähne, hinten ist eine Dreigangnabe eingebaut.

Vorteil des Rades: Bergauf geht's viel müheloser. Nachteil: Durch die häufige Unterbrechung der Tretbewegung ist es auf ebener Straße langsamer als ein normales Rad.

Dreirad mit Keilriemenautomatik

Ulrich Böttner, Berlin

Schon lange hat Uli Böttner mit Fahrrädern zu tun. 8 Jahre lang betrieb er in Wannsee einen Fahrradverleih. 1980 – "die Berliner Luft fing an, mir unerträglich zu werden" – begann er konkret über Alternativen zum Autoverkehr nachzudenken, die mehr leisten, als ein normales Fahrrad. Ein Produkt dieser Überlegungen ist das Dreirad mit Keilriemenautomatik auf dem Foto.

Die folgenden Zeichnungen zeigen, daß er noch mehr vor hat. Uli Böttner: "Endgültig soll dieser Prototyp mal ein Lastentretmobil werden. So eine Art dreirädriger Zugmaschine mit Anhänger, wobei das Fahrzeug wind- und wettergeschützt ist."

"So, jetzt zu dem konkreten Gefährt: zunächst zur Variomatic. Sie besteht aus zwei kegelförmigen Antriebsscheiben, die auf einer Achse zwischen den Tretkurbeln sitzen. Sie treiben einen Breitkeilriemen an, der seinerseits das Antriebsrad antreibt. Die eine Kegelscheibe ist mit der Tretachse fest verbunden, die andere auf der Achse verschiebbar und wird von einer, im Druck einstellbaren Spiralfeder gegen die andere Scheibe gepreßt.

Die Grundidee ist: Tritt ein erhöhter Widerstand beim Treten auf, z.B. beim Anfahren oder bergauf, so zieht sich der Keilriemen, der Kraft ausweichend, zwischen die Scheiben und legt sozusagen den kleinen Gang ein (bei Anschlag 1:1), läßt der Widerstand nach, drückt die Spiralfeder die Scheiben während des Drehens wieder zusammen (bis 3:1)"

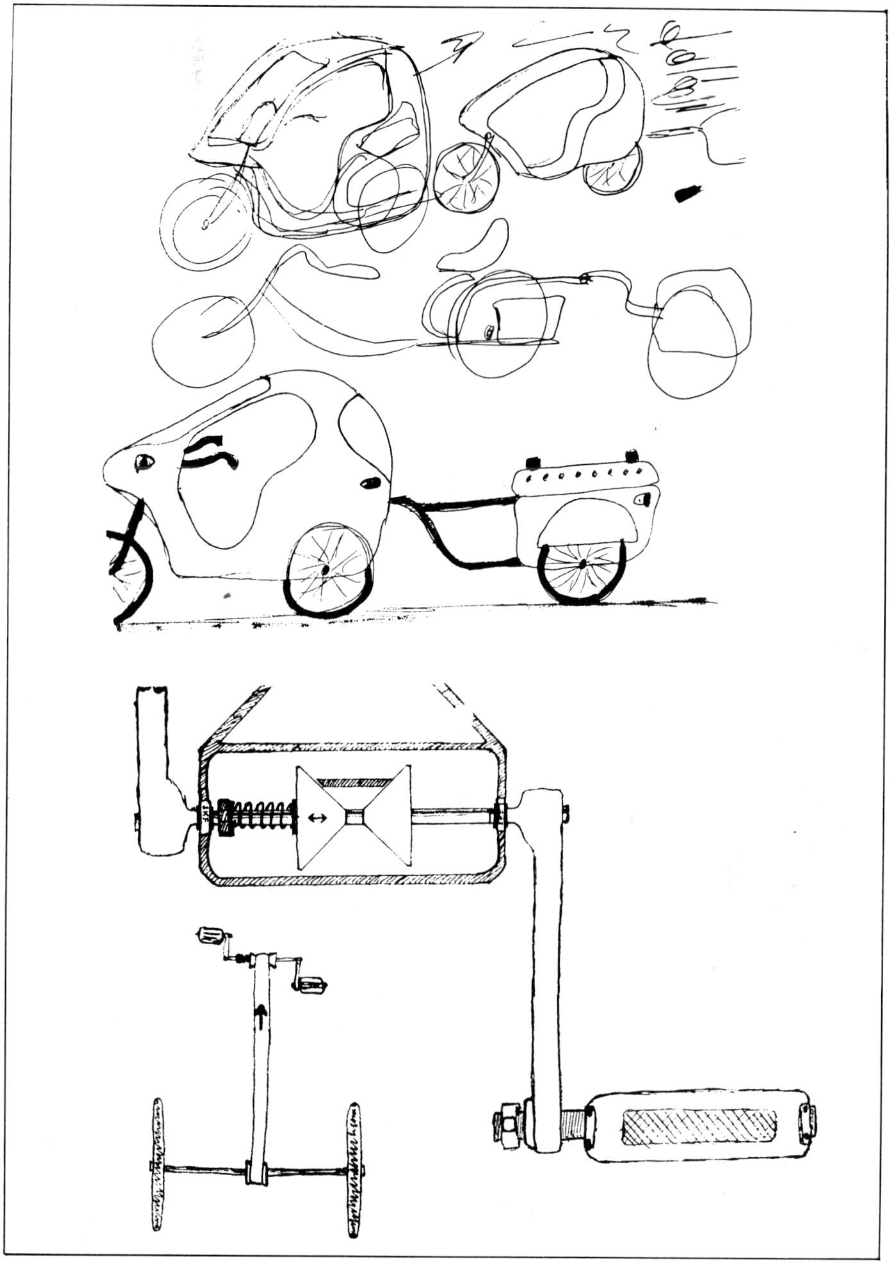

Holz-Dreirad

Volker Winkelmann, Sprockhövel

Dieses "pyramidale" Fahrradmodell aus Holzlatten ist noch nicht ganz fertig, soll aber wegen seiner Originalität schon vorgestellt werden. Gelenkt wird es mit den Vorderrädern, auf die auch der Antrieb erfolgt. Auch eine Verkleidung ist in der Planung. Sie soll über die Kanthölzer gespannt werden und verbindet dann optimalen Wetterschutz mit der Eleganz eines Zeltes auf Rädern.

Duo-Lenk-Trieb-Rad

Dieter Reumann, Itzehoe

"Ich wollte einfach herausfinden, ob man mit einem Rad, das vorn und hinten gelenkt wird, fahren kann" schreibt der Konstrukteur. In 3 Monaten baute er dieses Rad aus zwei 28"-Herrenrad-Rahmen vom Sperrmüll zusammen. Die vordere und die hintere Nabe, beide mit Rücktrittbremse, sind durch eine lange umlaufende Kette miteinander verbunden.

Ergebnis der ersten Probefahrt: "Es macht sehr viel Spaß, mit dem Rad zu fahren."

Sessel-Dreirad

Michael Vieten, Glandorf

Michael Vieten ist Werklehrer und hat dieses Dreirad für 4–14jährige Kinder mit den technischen Mitteln seiner Schule gebaut.

Durch den niedrigen Schwerpunkt und die breite Spur von 70 cm ist das Rad sehr kippsicher und bequem zu fahren.

Die "Karrosserie" dieses Dreirades wurde aus 1mm Alublech gefertigt, das verklebt und zusätzlich vernietet wurde. Außerdem wurde eine kugelgelagerte Achsschenkel-Lenkung eingebaut. Der Sitz aus glasfaserverstärktem Polyester und der Lenker sind verbunden und auf einer Schiene verstellbar angeordnet. Das Hinterrad hat eine 3-Gang-Nabe mit Rücktrittbremse.

Jedes Vorderrad hat eine selbstkonstruierte Außenbandbremse, die zusammen über einen Handhebel am Lenker betätigt werden.

Tramper-Fahrrad (Klapprad, zweirädrig)

Christian Kuhtz, Kiel

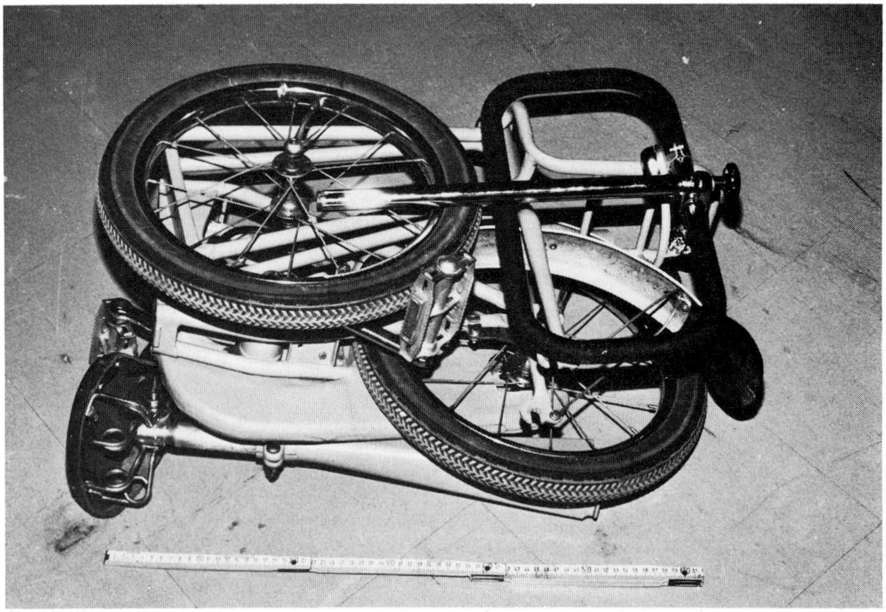

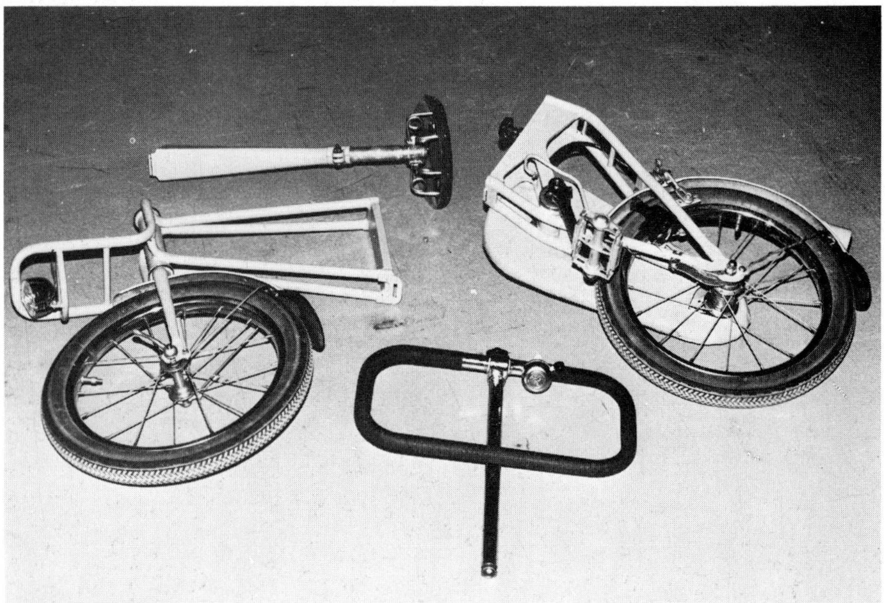

Mit diesem einfallsreichen Klapprad hat sich der Maschinenbaustudent Kuhtz einen alten Traum erfüllt. Nach einer etwas simpleren Vorstudie aus Sperrmüll-Teilen entstand diese "völlig designte" Ausführung als Semesterarbeit in der Werkstatt der Fachhochschule Kiel.

Zerlegt ist das Rad nur 60 x 40 x 25 cm groß und paßt so bequem in eine Reisetasche. Mit 12 kg Gewicht läßt es sich gut tragen und problemlos als Gepäck in Bus und Bahn und beim Trampen mitnehmen. Durch einen Zentralverschluß für Klappscharnier und Sattelstütze geht der Aufbau schnell und mühelos vor sich.

Durch ein extremes Übersetzungsverhältnis ist es einem normalen Fahrrad in der Geschwindigkeit kaum unterlegen: Vorderes Kettenblatt – 52 Zähne, Ritzel am Hinterrad – 12 Zähne. Das Rad ist mit einer Duomatic-Zweigangnabe mit Rücktrittbremse ausgerüstet. Eine Felgenbremse – zwei unabhängige Bremsen sind Vorschrift – wirkt ebenfalls auf das Hinterrad, denn vorne ist keine Bremse möglich, der Fahrer würde sich zu leicht überschlagen. Die Felgenbremse wird durch einen Bügel über dem Tretlager mit dem Fuß betätigt.

Das Rad wird viel bestaunt, wenn Christian damit auf Tramp-Tour geht. Und wenn er damit fährt, hat er auch schon mal gehört: "Guck mal da, ein Zirkusfahrrad!"

Solarvelo (dreirädrig)

Gernot Schneider, Baar/Schweiz

(Fotos: Walter Wyss, Zug/Schweiz)
(Zeichnung: Benni Weiss, Zug/Schweiz)

Auf den ersten Blick zeigt das Foto nicht mehr als ein handelsübliches Dreirad mit einem etwas plump geratenen Dach. Aber: Der Fahrer hat die Füße nicht auf den Pedalen, und trotzdem bewegt sich das Gefährt recht flott.

Des Rätsels Lösung: Die Dachfläche ist mit Solarzellen bedeckt, deren Energie zwei Batterien unter der Ladefläche aufladen. Diese liefern den Strom für einen Elektro-Hilfsmotor.

Vier Monate lang hat der Elektro-Ingenieur Gernot Schneider in seiner Freizeit an diesem Prototyp eines sonnenbetriebenen Fahrrades (abgekürzt: SOFA) gearbeitet. Tagsüber ist er Projektleiter in der Forschungsabteilung eines Schweizer Konzerns. In seiner freien Zeit aber beschäftigt er sich seit Jahren mit allerlei Alternativprojekten. Der Einfall zu diesem Solarvelo kam ihm bei einem langen Fahrradausflug um den Zuger See. Mit seinen beiden Kindern im Anhänger strampelte er bei strahlendem Sonnenschein schwitzend die Berge hinauf. Das brachte ihn auf die Idee, sich von der Sonne helfen zu lassen.

Und wie funktioniert die Sache nun? Die Sonne scheint – zum Beispiel durch das Glasdach einer kleinen Velogarage – auf das 80 x 120 cm große Sonnenzellendach. Die Solarzellen produzieren dabei einen Ladestrom von 2 Ampere (bei bedecktem Himmel etwas weniger). Damit werden in ca. 6 Stunden die beiden Batterien voll aufgeladen. Der 24-Volt-Elektromotor benötigt 200 W. So kann bei vollen Batterien etwa eine halbe Stunde mit 15 km/h gefahren werden. Eine elektronische Regelung ermöglicht das "Gasgeben" und verhindert, daß die Akkus überladen werden. Wenn der Fahrer mittritt, vergrößert sich die Reichweite natürlich erheblich, und so ist es auch gedacht: "Der Zweck des Sonnenmobils soll nicht sein, sich ohne eigene Anstrengung fortzubewegen. Ich möchte, daß die Leute selber pedalen, sich dabei aber von der Sonnenenergie helfen lassen", sagt Gernot Schneider.

Das Gefährt soll nicht Spielzeug, sondern Nutzfahrzeug sein. Für die Fahrt zur Arbeit – während man arbeitet, lädt die Sonne die Batterien wieder auf – für die Einkaufstour, für Transporte: Bis zu 40 kg Gepäck kann man dabei mit sich führen.

Rund 5000 sFr. hat dieser Prototyp insgesamt gekostet, davon die Hälfte für die Solarzellen. Für 2000 sFr. könnte man es einmal in Serie bauen, schätzt der Erfinder. Vielleicht auch erheblich billiger, denn Sonnenzellen, die bei besserem Wirkungsgrad erheblich preiswerter sein sollen, sind in Japan bereits in der Entwicklung.

Rückansicht

Inzwischen ist ein zweiter Prototyp im Bau. Ein aerodynamisch verkleidetes Dreirad mit einem bequemen Schalensitz, in dem der Fahrer nach vorne tritt und damit seine Kraft noch wirkungsvoller auf die Pedale bringt. Gernot Schneider sieht hier eine gute Alternative zum Auto: Müheloses Fahren auch an Steigungen und bei Gegenwind, größere Reichweite als ein normales Fahrrad, guter Wetterschutz und hohe Transportkapazität, und das alles mit Energie zum Nulltarif.

(Foto: Thomas-Peter Henningsen, München)

Fahrrad in kombinierter Stahl-Kunststoffbauweise

Joachim Gernhardt, Garching bei München

Der T-förmige Rahmen mit gefederter Hinterradschwinge ist aus Vierkantrohren zusammengeschweißt und mit zwei Stahlseilen verspannt. Das Ganze ist mit einer Kunststoffhaut überzogen, die die Stabilität erhöht und zusätzlichen Stauraum für Werkzeug, Luftpumpe und Regenzeug schafft. Weitere Ausstattung: Kombinierte Naben-Kettenschaltung mit großem Übersetzungsbereich, Trommelbremse vorne.

Joa, mia san mi'm Radl da

Fun-Tandems, Spaß- und Omnibusräder

Seinen Siegeszug hat das Fahrrad als Spaß- und Sportgerät begonnen, vor mehr als hundert Jahren. Seine ersten Fahrer waren Sportsleute, sie sonnten sich in der Aufmerksamkeit und Bewunderung, die sie erregten – und litten unter dem Spott ihrer Mitmenschen.

Aber bald wurde das Fahrrad erwachsen und zum ernstzunehmenden Verkehrsmittel. Niemand schaute mehr einem Radfahrer bewundernd hinterher. Und doch ist von diesem Staunen und Bestauntwerden etwas erhalten geblieben. Bei Umzügen und Festen, beim Karnval und Korso ist das Fahrrad in vielfältiger Gestalt nach wie vor sehr beliebt, und der gemeinsame Bau eines "Supertandems" hat schon manchem Verein neuen Schwung gegeben.

Liegestuhl-Fahrrad

Rainer Nissen, Kiel

"Eines schönen Tages haben wir wieder einmal unseren Rappel gekriegt und wollten was ganz Besonderes machen – ein möglichst unkonventionelles Fahrrad. Da mußte alles anders sein: Lenkung hinten statt vorne, 3 statt 2 Räder, liegen statt sitzen usw. Also los auf die Kieler Schrottplätze und alles mitnehmen, was die anderen nicht haben wollten. Dann ging's los: Ohne Zeichnung oder sowas haben wir den ganzen Müll zusammengebraten und hingedengelt. Nach einigen Experimenten, Anfällen und Umfällen stand das Endmodell schließlich "fahrbereit" auf dem Hof, so daß wir rechtzeitig zum Kieler Fahrrad-Korso 1982 aufkreuzen konnten."

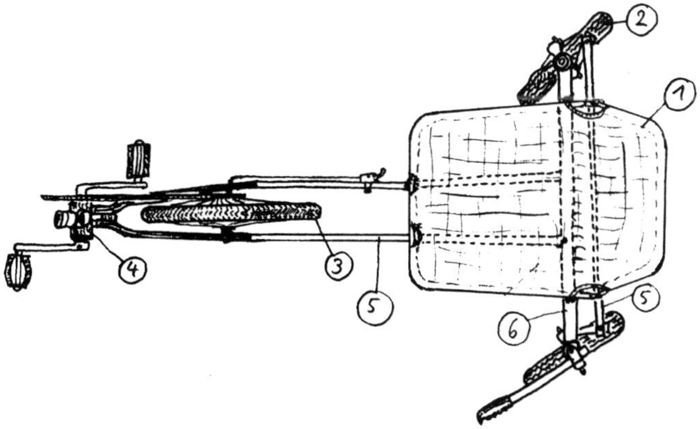

Die Bauteile:

1 eine verkürzte alte Klappliege
2 zwei Rollerräder
3 ein 20"-Hinterrad mit 3-Gang-Nabe (hier als Vorderrad)
4 ein Tretlager mit dem Rest der Hinterradgabel daran
5 ein paar alte Rohre von einem Bügelbrett
6 zwei halbe Kinder-Klappräder, benutzt wurde jeweils die vordere Hälfte mit Gabel und Lenkungslager

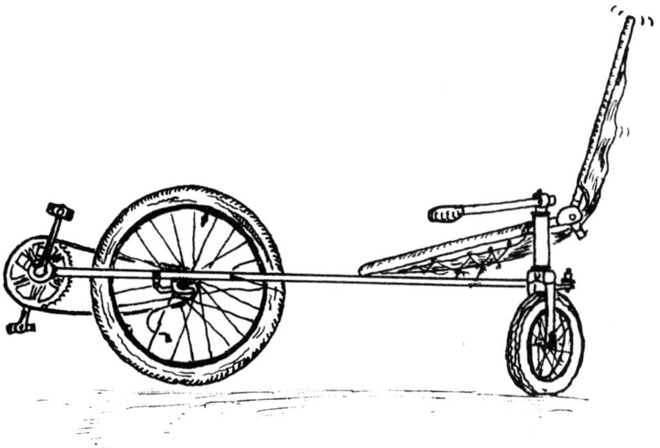

Nach ausführlichen Probefahrten stellten die Erbauer fest, daß das Modell noch etwas verbesserungsbedürftig ist:

"Unser Liegestuhl-Fahrrad eignete sich besonders gut für Geschwindigkeiten von 0–10 km/h. Wollte man schneller fahren, fingen die Hinterräder an zu flattern und trieben den Autofahrern und Fußgängern den Angstschweiß auf die Stirn. Zu schnell gefahrene Kurven (5 km/h) endeten nach gewisser Übungszeit regelmäßig mit einem eleganten Salto rückwärts und einem wunderschönen Ausblick in den wolkenverhangenen Kieler Himmel. Bei kraftvollem Anfahren drehte das Vorderrad zur Freude der Reifenhersteller jedesmal weithin sicht- und hörbar durch. Die Lenkung verlief gegensinnig, d.h., wenn man nach rechts wollte, mußte man den Steuerknüppel nach links drücken, wie beim Segelboot (Kiel!).

Dieses Glanzstück ist besonders Leuten zu empfehlen, die lieber in der Sonne liegen, statt sich mit ihrem Drahtesel rumzuquälen. Es landete, nachdem wir unseren Spaß gehabt hatten, auch sehr bald wieder dort, wo es hergekommen war."

Vierzehnsitzer (Mehrpersonenrad, zweispurig)

Kegelclub "Heideperle", Dorfmark

"In Dorfmark findet jedes Jahr im August das traditionsreiche Strandfest statt, zu dem auch ein großer Umzug am Nachmittag gehört. An diesem Umzug nehmen in jedem Jahr jung und alt teil. Der Kegelclub "Heideperle" aus Dorfmark hatte schon mehrmals bei diesem Umzug mitgewirkt, und als nun im Frühjahr 1978 das Gespräch auf das Strandfest kam, wurde im Scherz gesagt: In diesem Jahr bauen wir ein Fahrrad, auf dem alle 14 Mitglieder des Kegelclubs sitzen können."

Der "Kegelvater" baute ein kleines Modell und ließ - als vorsichtiger Mann – statische Berechnungen anstellen, um die notwendigen Rohrstärken zu erfahren. So wurde aus dem Scherz bald Ernst, und der Verein bastelte an Wochenenden und Abenden.

Die Vorderradgabeln und Hinterräder von zwei betagten Motorrädern, verbunden durch einen Gitterrahmen aus kräftigen Heizungsrohren, bildeten das Grundgerüst. Ein geprüfter Elektro-Schweißer half beim Zusammenbau.

Natürlich ergaben sich eine ganze Reihe von Problemen. So gerieten Fahrradketten und Tretlager, die die Kraft von 28 kräftigen Kegler-Beinen übertragen müssen, rasch an die Grenze ihrer Belastbarkeit und mußten durch besseres Material ersetzt werden. Auch die Speichen erwiesen sich als zu schwach. Bei einer Speichenmacherei wurde eine Sonderanfertigung in Auftrag gegeben.

Nach drei Monaten – rund 1600 Arbeitsstunden – war das Gefährt fertig. Nachdem weder die Polizei noch der TÜV oder die Kreisverwaltung einen Paragraphen finden konnten, der die Zulassung zum Straßenverkehr verbietet, stand der Teilnahme am Umzug nichts mehr im Wege. Es wurde ein großer Erfolg. Besonders der fliegende Radwechsel während des laufenden Umzugs – ein Schlauch war geplatzt – hinterließ bei den Zuschauern einen nachhaltigen Eindruck.

Seitdem wird das Fahrzeug, immer wieder verbessert und instand gehalten, regelmäßig bei Festumzügen und zu Ausfahrten benutzt.

Die Länge des Fahrzeugs beträgt 5,80 m. Bei 370 kg Leergewicht hat es eine Tragfähigkeit von 1260 kg (was natürlich nicht bedeutet, daß die Kegelbrüder und -schwestern durchschnittlich 90 kg auf die Waage bringen).

Alle vier Räder sind mit Trommelbremsen ausgerüstet. Ein Freilauf ist nicht vorhanden. Zwei Autobatterien betreiben Halogenscheinwerfer, Bremsleuchten und ein Martinshorn.

Fasnachtsräder in Basel

Fasnachtsgesellschaft "Gundeli", Basel

Wenn in deutschen Landen schon alles vorbei ist, beginnt in Basel erst die Fasnacht, und zwar am Montag nach Aschermittwoch mit dem "Morgenstreich", um 4 Uhr früh. Die Fasnachtsgesellschaften, die "Cliquen", gehen mit Trommeln und Pfeifen auf die Straßen, Laternenträger zeigen das "Sujet", das Thema, das jeder sich für diese Fasnacht gestellt hat. Dargestellt wird es dann in zwei großen Festumzügen, am Nachmittag des ersten Tages und am Schluß der drei tollen Tage. Die rund 10.000 Aktiven müssen dabei in zwei Marschsäulen durch die Stadt ziehen, denn für einen einzigen langen Festzug ist Basel zu klein.

"Tour de Gschyss" hieß 1981 das Sujet der Fasnachtsgesellschaft "Gundeli", eine (schwer zu übersetzende) Anspielung auf die im vorhergehenden Jahr mit großem Werbeaufwand stattgefundene Tour de Suisse. Einige Wochen lang hatten sich die Aktiven der Clique getroffen und in gemeinsamer, fieberhafter Arbeit – die Bauhalle war nicht heizbar – an die 30 phantasievolle Gefährte zusammengebaut, von denen einige hier zu sehen sind.

Fasnachts-Dreirad

Louis Haegeli-Schöbi, Basel

Besondere Erwähnug verdient Herr Haegeli, der nicht in einer Clique, sondern sozusagen als Solonummer an der Baseler Fasnacht (linkes Bild) teilnimmt oder zu "wohltätigen Zwecken" (rechts) auftritt.

Schon 1972 entwarf er sein Fasnachtsdreirad, und sein Schwager hat es dann aus vier alten Schweizer Militär-Velos und einem Damenrad in seiner Autowerkstatt zusammengeschweißt. Seitdem ist Herr Haegeli ein unübersehbarer Fasnachts-Akteur – die Sattelhöhe des Rades beträgt immerhin zwei Meter.

Leidgeprüft – dennoch unverzagt berichtet er von seinen Erfahrungen mit diesem Rad:

"Am 23. Mai 1981, ich war 59, machte ich an einer Velo-Demo mit. Ich vergaß, das Sicherheitsrad – auf der Rückseite des Rades– zu montieren. Dieses verhindert ein Zurückkippen; es muß allerdings montiert sein! Folge: Abends um 21 Uhr ein Salto rückwärts aus 2 Metern Höhe. Habe das Fersenbein gebrochen – am Kopf konnte sowieso nichts mehr kaputtgehen. 4 1/2 Monate an Krücken, machte aber in 1982 damit wieder Fasnacht."

FITNESS-CLUB
SEPPOIS
le-bas
LES ROUTIERS

Siebenerrad

Warnstedter Tandemclub

Was machen sieben Junggesellen, die sich zum soundsovielten Mal in der Dorfkneipe treffen? Sie langweilen sich! Bis einer auf die glorreiche Idee kommt – man müßte mal . . . .

So passiert im Dorfkrug von Warnstedt, einem Dörfchen in der Nähe von Cloppenburg. – Man saß wieder einmal zusammen, da hatte einer der sieben eine Sternstunde: Könnte man nicht ein Dreirad, ein Tandem bauen, wo wir alle draufpassen?. Gesagt, getan. Sie fingen einfach an zu bauen, ohne vorherige Planung und ohne genaue Vorstellung. Glücklicherweise waren die meisten der Gruppe durch ihre Berufe handwerklich und technisch vorgebildet. Zwei Autoschlosser waren dabei, ein Landmaschinenmechaniker, in dessen Werkstatt der Bau auch vonstatten ging, ein Tischler, zwei Kaufleute und ein Landwirt, der später seine Scheune als Garage zur Verfügung stellte.

Einmal in der Woche trafen sie sich für ein paar Stunden zum Bauen. Dabei ging es nicht immer ohne Konflikte ab. Jeder wußte am besten, wie es gemacht werden mußte, jeder wollte seine Vorstellungen durchsetzen. Das dauerte seine Zeit. Aber je länger sie zusammenarbeiteten, desto besser gelang es, al [illegible] gen, und nach neun M[illegible] Dreirad für sechs Pedal-Tret[illegible]

Die beiden Hinterräder, ohne Freila[illegible] voneinander von je drei Fahrern angetrieb[illegible] natürlich ein eingespieltes Team. Die weitere Auss[illegible] Zwei unabhängige, über Pedale und Gestänge betätig[illegible] Bremsen an den Hinterrädern, gefederte Vorderradgabel, Abblendlicht, Bremsleuchten, Stereoanlage und eine Ladefläche für den Bierkasten in der Mitte.

Das alles geschah im Jahre 1980. Inzwischen haben zwei der Begründer geheiratet, und damit begann die Ausweitung zum "Warnstedter Tandemclub". Dem gehören inzwischen 16 Mitglieder an, die sich regelmäßig zu gemeinsamen Ausfahrten treffen.

Das Beispiel hat auch inzwischen Schule gemacht: In den Dörfern um Cloppenburg gibt es mittlerweile eine ganze Reihe weiterer Tandemclubs. Und einmal im Jahr findet ein Treffen statt mit einem Wettrennen der selbstgebauten Gefährte.

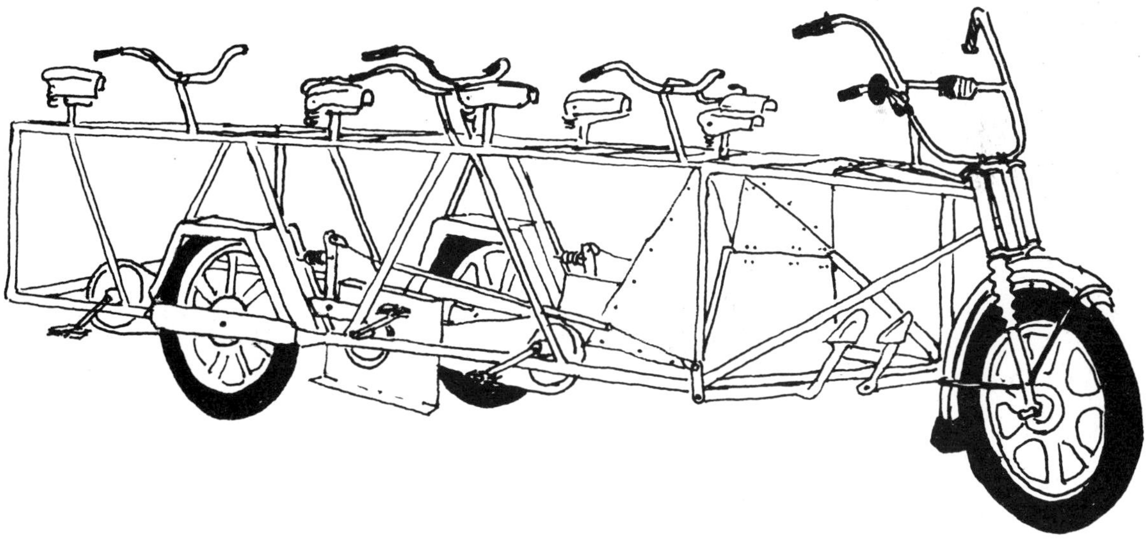

Klever-Dreirad

Peter Nitsche, Xanten

Persönliches: 42 Jahre alt, mal Design studiert, aber nicht "industriell" verwertet, halbtags arbeitend fast nur als Zeichner, daneben der Versuch, sich sein Geld wenigstens in der zweiten Hälfte des Tages als freier Kunsthandwerker zu verdienen, technisch stark interessiert, Oldtimer-Freund (Autos), möchte reich sein, zwecks: Realisierung diverser nützlicher – und auch unnützlicher – aber Spaß und Aufmerksamkeit bringender Dinge, die als Ideenskizzen bereits diverse Mappen füllen, aber alle v i i i e l zu teuer sind. Dem Fahrrad und dem Auto gehören seine besonderen Designer-Interessen.

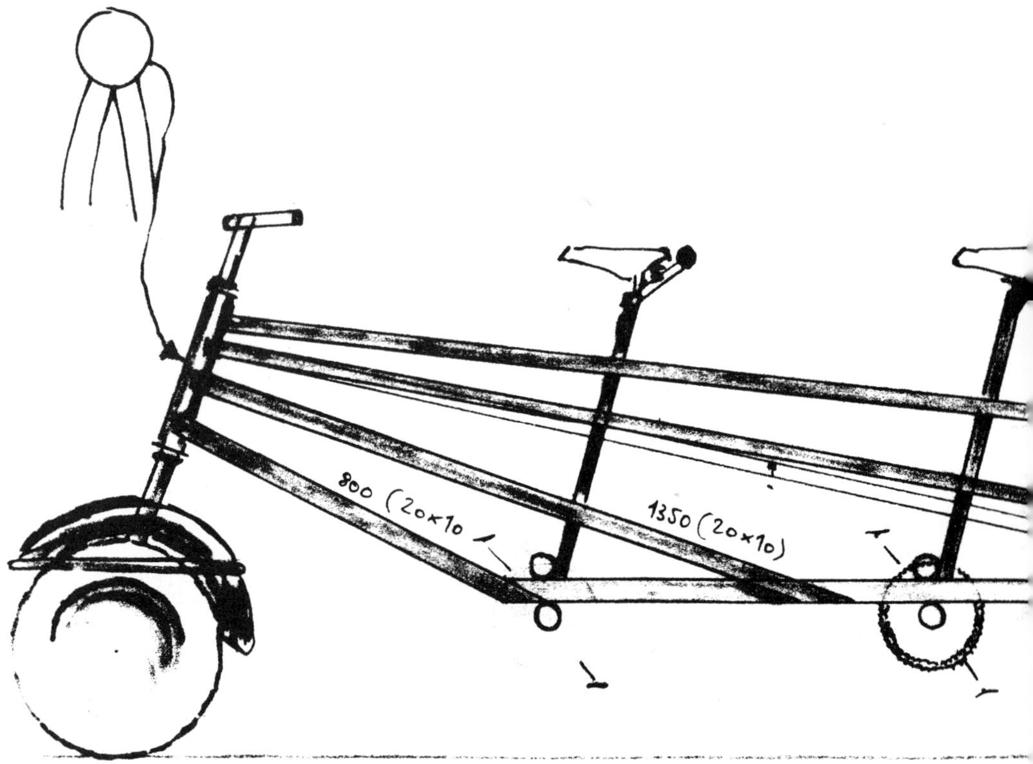

"Es war eine Auftragsarbeit. Ich bin zwar Bastler, aber nicht Fachmann, d.h. ich hatte so etwas noch nie gebaut, es reizte mich aber gewaltig und mußte zudem in 8 Tagen (!) fertig sein. Werbeagenturen sind nun mal so!

An sich hatte ich einen Zweispurer mit Zusatzklapprädern geplant, aber es mußte dann ein Dreirad werden, und irgendwie spürte ich da etwas Ungutes, wußte aber noch nicht so recht was. Man konnte es aber dann gut merken, denn schon in leichtem Windhauch schwankte das Vorderviertel wie Espenlaub.Erstaunlich, daß es sich aber nach kurzem Üben recht gut fahren ließ. Auch von den Stadthonoratioren, für die es zu Werbezwecken (Radwandern am Niederrhein) gedacht war."

Das Ergebnis von Peter Nitsche's schneller Arbeit zeigen die Fotos auf der nächsten Seite.

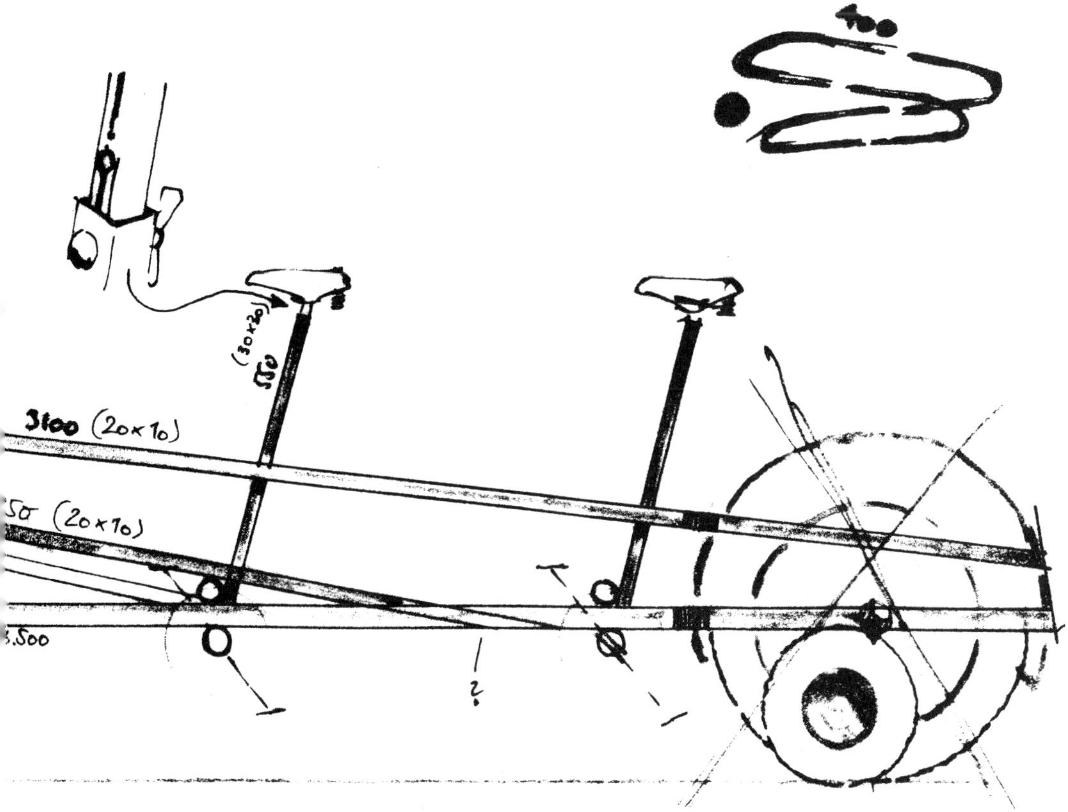

Das fertige "Klever-Dreirad"

Dieses Rad ist für kurze Werbeeinsätze konzipiert, aber es hat auch schon Überladung und längere Fahrten ausgehalten.

Die Vorderradkonstruktion stammt von einer Schrott-Vespa, die Hinterräder von einem alten Mofa. Über eine abgesägte Lüfterwelle von einem alten DKW-Motor wird das linke Hinterrad angetrieben. Die Feder am Vorderrad ist durch Festschweißen starr gemacht, um Eigenbewegungen zu verhindern. Die Pedale sind gegeneinander versetzt gestellt, damit die Anfahrbelastung nicht zu groß wird. Das Vorderrad und das Antriebsrad haben Trommelbremsen, das dritte Rad eine Felgenbremse.

(Foto: Helmut Wohner, Ebersberg)

Ruder-Renner

Georg Kirner und Wolfgang Herbst, München

Georg Kirner (links im Bild) arbeitet bei einer großen Münchner Flugzeugbau-Firma. Deshalb wohl besteht sein Fahrzeug, das sein Kollege Dr. Wolfgang Herbst gebaut hat, aus den "Abfällen" von Segelflugzeugen.

Das Dreirad ist mit einem Rollsitz, genau wie ein Ruderboot, versehen. Der Antrieb erfolgt durch Ziehen an den Handgriffen, mit denen auch gelenkt wird.

Georg Kirner sieht sein Fahrradmodell vor allem als Trainingsgerät. Er hält sich damit fit für seine zahlreichen Einmann-Expeditionen in die entferntesten Winkel der Erde, die er unternimmt, sooft ihm sein Beruf dazu Zeit läßt. Deshalb fährt er ein paarmal in der Woche damit zur Arbeit, 30 km hin und 30 km zurück. Dabei ist der Trainingseffekt viel größer, als bei einem normalen Rad, denn es werden fast alle Muskeln beansprucht. Und der optimale Wetterschutz (es können auch noch zwei Türen angebracht werden), erlaubt das Training auch im strömenden Regen.

(Foto: Hans Jürgen Fratzer, Hannover)

Riesen-Rad

Otto Troppmann und Wilfried Ruloffs, Weyhausen bei Wolfsburg

Alles begann damit, daß Otto Troppmann zu Weihnachten das Guinness-Buch der Rekorde geschenkt bekam und beim ersten Durchblättern darauf stieß, daß der Rekord für das größte Fahrrad der Welt schon seit 98 Jahren bestand. Gleich erzählte er seinem Freund davon und die beiden beschlossen, diesen Rekord zu brechen. Als Arbeiter im Versuchsbau von VW brachten sie auch die nötigen Fachkenntnisse mit. In ihrer eigenen Werkstatt bauten sie ungefähr 500 Stunden daran. Für die Herstellung der Reifen aus Kunststoffgewebeschlauch durften sie allerdings mit höchster Erlaubnis die Anlagen von VW benutzen.

Ausgangspunkt ihrer Konstruktion, die ganz aus Edelstahl besteht, war eine sechs Meter lange Rohrstange, die sie mit der Hand längs aufsägten. Mit Speichenlöchern versehen, gebogen und verschweißt, ergab das die beiden Felgen von 1,90 m Durchmesser. Speichen für ein solches Rad gibt es natürlich nicht zu kaufen. Alle 144 Speichen mußten also mit einem speziell angefertigten Werkzeug gekröpft und mit Köpfen und Gewinde versehen werden. Das Rad, mit dem die beiden auf Ausstellungen und in der Presse schon viel Aufsehen erregt haben, ist übrigens ganz einfach zu fahren – nur beim Auf- und Absteigen braucht man Hilfestellung.

Wasser-Rad

Heinz und Heiner Melching, Bremen

Die Idee zu diesem originellen Amphibienfahrzeug kam Vater und Sohn Melching, als sie von dem "Fun Boat"-Wettbewerb hörten, den der ADAC im Rahmen einer Bootsausstellung veranstaltete.

Heinz Melching ist Werkzeugmacher und arbeitet als Betriebstechniker in der Universität Bremen. Er übernahm die technische Seite des Unternehmens. Das größte Problem war das Formen der beiden kegelförmigen Seitenteile aus Blech. Er baute dazu eine große Lehre aus Spanplatten, um die herum das Blech gebogen wurde.

Der Sohn, frischgebackener Abiturient, war für die Berechnungen und theoretischen Überlegungen zuständig. Da das Wasser-Rad nach dem Prinzip eines Stehaufmännchens funktioniert – das umgebaute Kettcar mit dem Fahrer bleibt als Schwerpunkt immer unten, während die Trommel sich darum herum dreht – war die Berechnung des Ballastes sehr wichtig. Je tiefer die Trommel im Wasser liegt, um so stabiler ist die Lage. Sie darf aber auch nicht zu tief eintauchen, damit nicht bei Schräglage durch Seitenwind Wasser in die Einstiegsöffnungen eindringt. 270 kg erwiesen sich als Optimum. Dieses Gewicht wird durch Bleiziegel erreicht, die in Halterungen am Kettcar befestigt werden.

Ungefähr 250 Stunden Arbeitszeit haben die beiden gebraucht und an die 1000,– DM für Material ausgegeben. Dafür gab's dann auch den 1. Preis im Wettbewerb als Lohn der Mühe.

ADAC

Volksfahrrad

Franz und Konrad Plattner, München

Der Bau eines solchen "Volksfahrrades" ist ganz einfach: Man benötigt einen alten VW-Käfer, 7 Fahrradrahmen, jede Menge Fahrradketten und Kettenräder und ein halbes Jahr Zeit.

Die Fahrradrahmen werden auf das Käferfahrgestell montiert – links vom Rahmentunnel drei (weil Schaltung und Lenkung Platz brauchen), rechts davon vier. Über der Hinterachse werden die Kraftbeiträge durch vier Zahnräder gesammelt und über ein Winkelgetriebe und Kette zur Kurbelwelle übertragen. Von da geht's über das serienmäßige Käfergetriebe an die Hinterräder.

Die weitere Ausrüstung: Hupe, Scheinwerfer, Blinker und ein Biertank.

Das hohe Gewicht macht das Fahren etwas mühsam, aber für Faschingsumzüge und Wirtshausbesuche ist es gut geeignet, berichten seine Erbauer, die Brüder Plattner aus Niederbayern und ihre zwei Freunde.

Zwei ist (k)einer zuviel

Tandems und Partnerräder

"Nichts ist angenehmer, als sich mit einem Gefährten oder einer Gefährtin auf ein und derselben Maschine zu ergehen. Fährt man in Gesellschaft eines oder mehrerer Genossen, von welchen jeder sein besonderes Vehikel unter sich hat, so ist das ja auch entschieden vergnügungsreicher, als wenn man allein auf der Straße dahinsaust, aber von gegenseitiger Unterhaltung ist schon dabei um dessentwillen nicht viel die Rede, weil die Fahrzeuge nach polizeilicher Vorschrift nicht nebeneinander, sondern in gewisser Entfernung hintereinander zu fahren haben. Das Hinüber- und Herübersprechen beschränkt sich dann für gewöhnlich nur auf kurze Zurufe.

Ganz anders, wenn zwei zu gleicher Zeit eine doppelsitzige Maschine benutzen; da hindert keine Entfernung den Austausch der Gedanken, und die Unterhaltung der Fahrenden miteinander ist um so reger, je rascher die landschaftlichen Bilder wechseln. Ungemein wird natürlich der Reiz einer solchen Fahrt auf doppelsitziger Maschine erhöht, wenn zwischen zwei Fahrenden verschiedenen Geschlechts zarte Beziehungen bestehen."

(Aus: Wilhelm Wolf, Fahrrad und Radfahrer, Leipzig 1880)

Tandem "Blaues Wölkchen"

Ulla Mentrup und Uwe Kröger, Aachen

Die beiden waren es leid, bei ihren gemeinsamen Radtouren immer von den Autos angehupt zu werden, wenn sie nebeneinander fuhren und beschlossen deshalb, ein Tandem zu bauen. Der Entwurf stammt hauptsächlich von Uwe, er ist Maschinenbaustudent; alle übrigen Arbeiten machten sie gemeinsam. Nur das Schweißen und Hartlöten überließen sie einem Fachmann.

Inzwischen sind sie schon über 1000 km gefahren, ohne Reparaturen. Übrigens: Beim Vornesitzen wechseln sie sich ab.

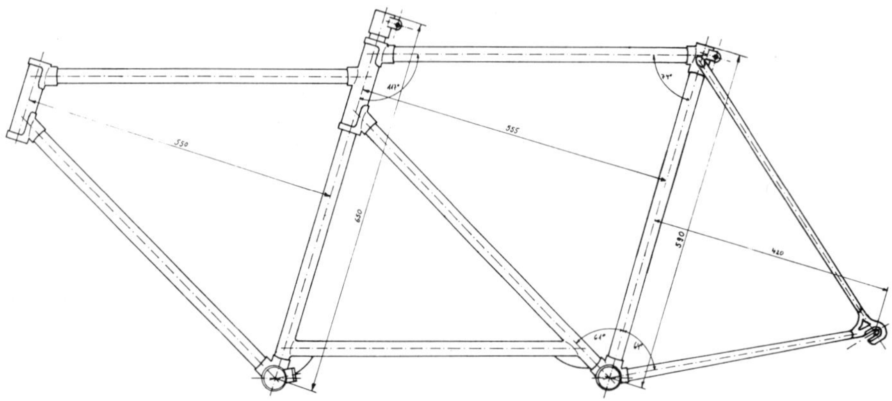

Zum Bau haben sie zwei Sportradrahmen genommen. Der hintere blieb unverändert, beim vorderen wurden Hinterrad-Gabelrohre und -streben und die Sitzrohrmuffe abgesägt. Das Rahmenrohr, das die beiden Rahmen in Tretlagerhöhe miteinander verbindet, ist mit zwei Dreiecksblechen verstärkt. Der hintere Lenker, ein umgedrehter Rennlenker, ist mit einer Schelle an der vorderen Sattelstütze befestigt.

Weitere Ausstattung: Trommelbremsen vorn und hinten (beim Tandem müssen die Bremsen doppelt gut sein), 10-Gang-Kettenschaltung mit großem Übersetzungsbereich, verstärkte Speichen.

Renn-Tandem "Golden Duo Racing"

Dieter Reumann, Itzehoe

Weil er fand, daß die herkömmlichen Fahrradbremsen für ein Tandem nicht ausreichen, beschloß Dieter Reumann gleich Nägel mit Köpfen zu machen: Doppelte Scheibenbremsen am Vorder- und Hinterrad sollten es bei seinem neuen Modell sein. Die Teile dazu stammen aus diversen Schrottautos, die Bremsscheiben sind in Handarbeit aus dickem Stahlblech angefertigt. Die Bremsen werden hydraulisch betätigt. Fast zwei Jahre baute er an diesem Tandem, die Baukosten betrugen nur ca. 350,– DM.

Nahverkehrs-Dreirad

Heinrich Grafenhorst, Delmenhorst

(Foto: Stefan Hörttrich, Bielefeld)

Die Idee zu diesem bequemen Dreirad kam dem Diplom-Ingenieur Grafenhorst (auf dem Foto links) während seiner Examensarbeit, die sich mit Alternativen zum Auto-Nahverkehr beschäftigte. Zu Anfang plante er den Einbau eines elektrischen Zusatzantriebs, aber auch in der muskelbetriebenen Form wäre es ein ideales Stadtfahrzeug – wenn nur die Radwege immer breit genug wären. Durch die entspannte und kommunikationsfreundliche Sitzhaltung bewährte es sich aber sehr bei Überlandfahrten.

Konstruktion und Materialbeschaffung nahmen 4 Wochen in Anspruch. Es wurden fast ausschließlich alte Fahrradteile verwendet, so daß die Baukosten nur rund 50,– DM betrugen. Beim Zusammenbau, der mit vielen Unterbrechungen zwei Monate dauerte, half der Studienkollege Michael Schneider mit (auf dem Foto rechts).

Die Basis der Konstruktion bilden die Rahmen von zwei Damenrädern, verbunden durch Rohre und die Sitzplatte. Die beiden Vorderräder werden unabhängig voneinander angetrieben und gebremst, was natürlich eine gute Zusammenarbeit der beiden Fahrer erfordert. Gelenkt wird über eine "Ruderpinne" und ein Gestänge mit dem kleinen Hinterrad.

Gewicht: 50 kg, Länge: 2,80 m, Breite: 1 m.

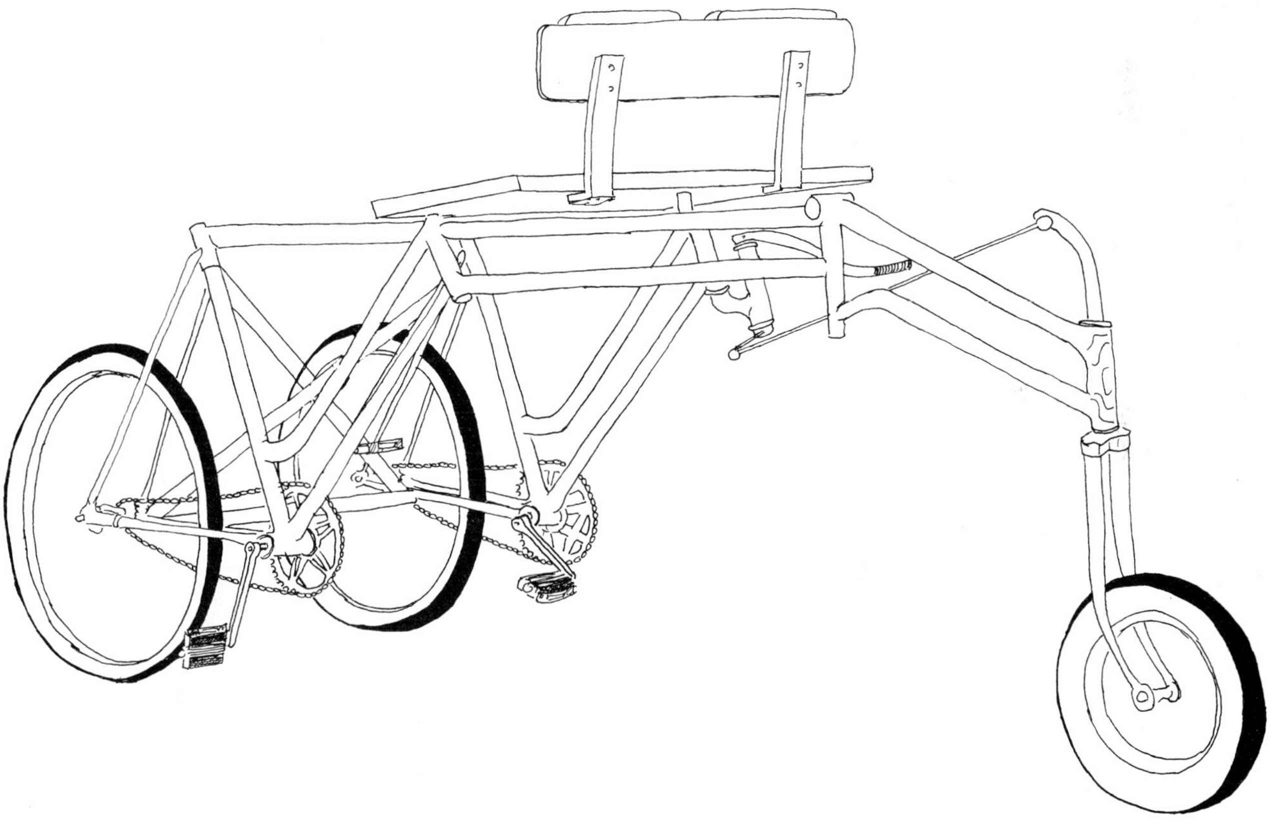

Vierkantrohr-Tandem

Joachim Gernhardt, Garching bei München

(Fotos: Thomas-Peter Henningsen, München)

Das Besondere an diesem Tandem ist: Die Muffen und die Vierkantrohre sind nur ineinander gesteckt und verschraubt, aber nicht geschweißt. So läßt sich der ganze Rahmen total zerlegen. Nach Angabe seines Erbauers soll er trotzdem sehr stabil sein. Zur Gewichtsersparung sind einige Rohre (im Foto hell) aus Aluminium.

Weiter Ausstattung: Hinterradfederung, Scheibenbremse hinten und Trommelbremse vorne. 5-Gang-Nabenschaltung kombiniert mit einer Kettenschaltung von zwei Kettenrädern am Hinterrad und drei Kettenblättern vorn. Das ergibt 20 nutzbare Gänge, die der Hintermann, -frau, über vier Hebel schaltet. Gewicht 32 kg, Baukosten 700,– DM.

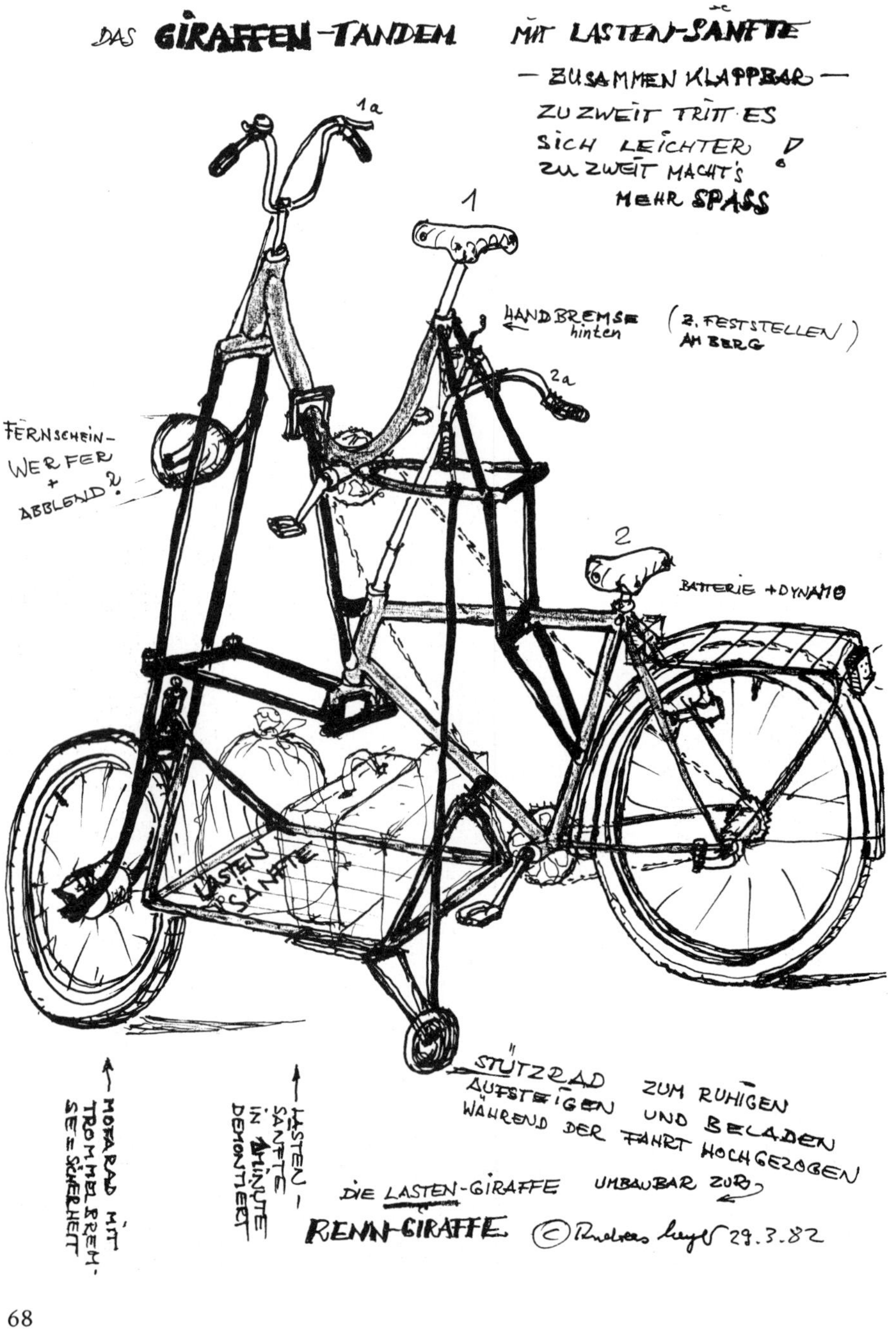

Giraffen-Tandem

Andreas Meyer, Grumbach

Dieses Lastentandem sieht aus wie ein Jux, aber sein Erbauer empfiehlt es als sehr praktisches Gefährt zum Nachbauen. Denn es macht nicht nur den Zuschauern Spaß, sondern auch den Fahrern.

Durch den weit von den Rädern entfernten Schwerpunkt ist es recht fahrstabil, d.h. es fällt ganz langsam um, und das Stützrad, das während der Fahrt hochgezogen wird, erleichtert Start und Landung. Durch die beiden mit Gelenkstangen verbundenen Lenker ist es zudem ein ausgezeichnetes Gerät zum Radfahren-Lernen. Es läßt sich aber auch gut als Solo-Rad fahren.

Der Bau des Rades ist nicht so kompliziert, wie die Zeichnung vermuten läßt. Oben ist ein Klapprad-Rahmen verwendet, unten ein normaler Diamant-Rahmen. Alle Rohrverbindungen sind hartgelötet. Bauzeit: 1 Woche.

Gewicht 35 kg, Zuladung der Lastensänfte 60 kg, Länge 2,37 m, Höhe 1,88 m, Breite 0,65 m.

Dieses Foto zeigt dasselbe Rad in einer "Rennausführung" mit abgenommener Lastensänfte.

Im Wettbewerb "Schrott wird flott", den der ADAC 1982 veranstaltete, kamen Andreas Meyers junge Freunde Axel und Stefan auf einen der vorderen Plätze.

(Foto: ADAC Bilderdienst, München)

Doppelstock-Tandem

Thomas Hübner und Andreas Kinzler, Stuttgart

Zu einer ganz ähnlichen Lösung sind diese beiden Schüler gekommen: Der vordere Rahmen wurde mit dem Tretlager an den Lenkkopf des hinteren Rahmens geschweißt. Zwischen den beiden Sattelmuffen wurde ein Wasserleitungsrohr eingesetzt.

Das Fahren mit diesem Rad will allerdings gelernt sein. Andreas und Thomas haben da ihre Erfahrungen gemacht: "Bei den ersten Fahrversuchen benutzten wir Mülltonnen und andere Erhöhungen, um aufzusteigen. Zum Anhalten steuerten wir Laternenpfosten an, welche übrigens gar nicht so einfach zu treffen sind. Die zweite Möglichkeit, von dem Rad herunterzukommen, war die, sich einfach umfallen zu lassen. Dies haben wir bald wieder aufgegeben, da man für solch einen kontrollierten Absturz viel Platz und Kraft braucht.
Die eleganteste und beste Art, rauf und wieder runterzukommen, ist folgende: Der linke Fuß wird auf das linke Pedal gestellt, die Hände am Lenker, wird das Rad mit dem rechten Fuß angeschoben, und bei Schrittempo schwingt man das rechte Bein, wie bei einem Pferd, über den Sattel. Nun kann der hintere auch aufspringen. Zum Absteigen – ebenfalls bei langsamem Tempo– bleibt der hintere einfach auf der Straße stehen und läßt den anderen weiterfahren, welcher dann das rechte Bein wieder zurückschwingt und somit auch auf festem Boden steht."

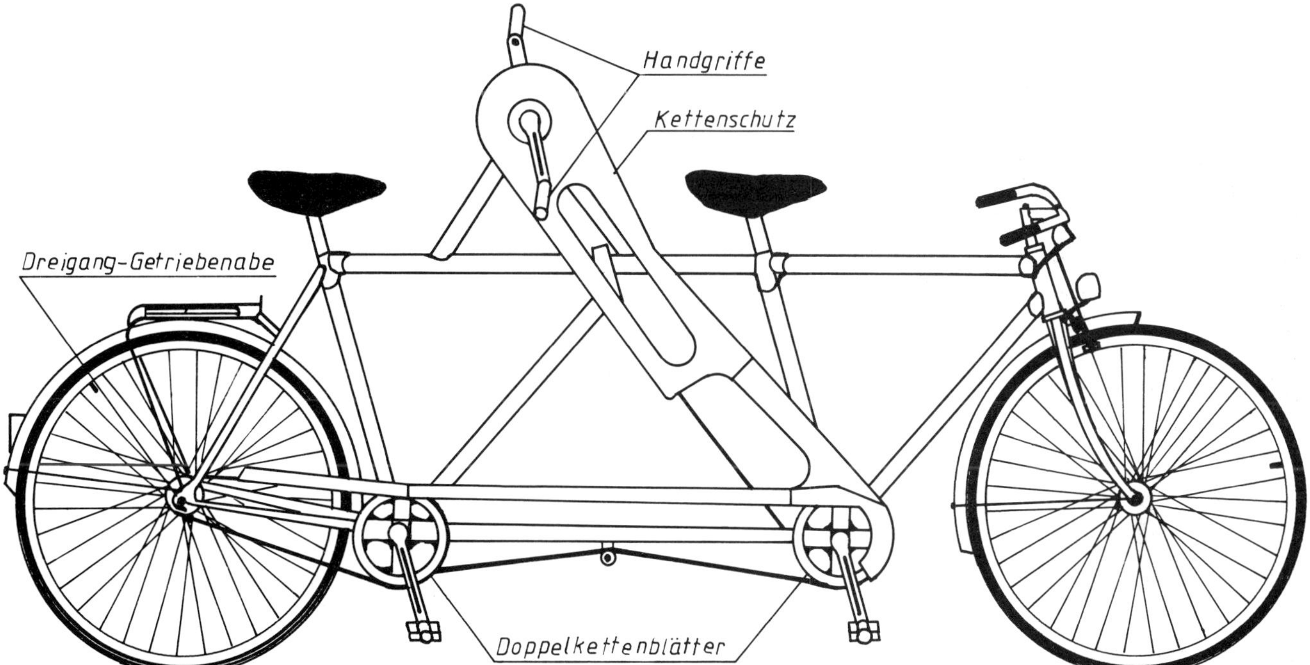

Tandem mit Zusatzantrieb

Walter Stobb, Andernach

Eine interessante Variante des klassischen Tandems: Der Hintermann hat die doppelte Arbeit. Walter Stobb hat dieses 2,80 m lange und rund 30 kg schwere Fahrzeug in einer Woche aus zwei Sperrmüllrädern zusammengeschweißt.

Ein kleines, aber wichtiges Detail: Die Stellung der Handkurbel muß so sein, daß bei der Aufwärtsbewegung, z.B. der linken Tretkurbel, sich auch der linke Handgriff immer nach oben bewegt.

Ruderrenner "Vierer mit . . ."

Werkstattverbund München-Irschenhausen-Sydney

RR "Vierer mit . . ."

Der "RR Vierer mit . . ." war das größte Fahrzeug in einem Rennen für Muskelkraftfahrzeuge in Brighton 1980.
(Am Steuer der Konstrukteur)

Gebaut wurde dieser Ruderrenner von einer ganzen Gruppe von Leuten, darunter auch ein Australier. Daher das "Sydney" im klangvollen Vereinsnamen. Den Entwurf machten alle gemeinsam, Andreas Baumüller, ein Maschinenbaustudent war der Konstrukteur. Prof. Erhard Hössle, ein Silberschmied, stellte seine Werkstatt zur Verfügung und wirkte bei der Gestaltung dieses eleganten Fahrzeugs mit. Bauzeit vom ersten Entwurf bis zur endgültigen Fertigstellung: 2 Jahre.

Der Ruderrenner wiegt nur etwa 70 kg, hat dabei aber eine Zuladung von 450 kg. Er ist 4,80 m lang und 1,20 m breit.

Über ein System, das Andreas Baumüller neu entwickelt hat, wird die Hin-und-Her-Bewegung der "Ruderer" in eine Drehbewegung umgewandelt und auf eine Zwischenwelle übertragen. Von dort wirkt der Antrieb über ein Kettengetriebe (6 Gänge) auf ein Differential und über zwei Antriebswellen, sie stammen von einem alten Goggomobil, auf die Hinterräder.

Im Unterschied zu einem Ruderboot mit Rollsitz sind hier die Sitze fest und die Fußauflagen beweglich – aber der Effekt ist derselbe: Nicht nut die Beinmuskeln, sondern auch die Arm- und Bauchmuskeln sind an der Vorwärtsbewegung beteiligt. So fährt der Ruderrenner auf ebener Straße jedem normalen Fahrrad davon, allerdings erfordert dieses Bewegungsprinzip auch viel Kraft. Am besten hat's natürlich der Steuermann, der über allen thront und Lenkung, Schaltung und Bremsen bedienen darf.

Die Erbauer sehen ihr Fahrzeug vor allem als Sport- und Freizeitgerät, z.B. für das Wintertraining einer Rudermannschaft oder für den Blindensport.

Wer's kaufen möchte: So um die 5.000,– DM würde die viersitzige Ausführung kosten.

Das längste Fahrrad der Welt (Mehrpersonenrad, einspurig)

Fritz Güldner, Buchen

Dieses Tandem hat nicht nur viele Sitze, nämlich 37 und einen Kindersitz, sondern auch viele "Väter": Die Idee hatten der Werbemann Jürgen Blatz und Klaus Sperber vom ZDF (Fernsehen). Entworfen und konstruiert hat es der Ingenieur Fritz Güldner. Er hat auch das Material zur Verfügung gestellt. Und gebaut hat es schließlich die Hobby-Gruppe einer Firma in ihrer Freizeit. Die Bauzeit betrug über drei Monate. Neben dem ersehnten Eintrag ins Guinness-Buch der Rekorde ist der Hauptzweck dieses Fahrrad-Lindwurms, Aktionen für gemeinnützige Zwecke zu veranstalten.

Das gesamte Rekord-Fahrrad setzt sich aus drei einzelnen Fahrrädern mit jeweils 12 bzw. 13 Sitzen zusammen. Die drei Teile können auch separat benutzt werden. Die Kraft wird über 72 Kettenräder auf die drei Antriebsräder übertragen (Übersetzung 2,2:1). Für langsame Fahrt, wie bei einem Festzug, werden 6 Stützräder angebracht, ein eintrainiertes Team kommt aber auch ohne diese Hilfe aus. Die Gesamtlänge beträgt 24,8 Meter, das Gewicht ca. 600 kg.

Wenn es mit Erwachsenen besetzt ist, trägt es ein Gewicht von mehr als 2 1/2 Tonnen.

Soweit der Stand im Jahre 1983. Inzwischen ist dem Vernehmen nach ein vierter Fahrradteil entstanden. Und damit ist es wohl endgültig das längste Fahrrad der Welt.

FAMILIENTANDEM MIT BEIWAGEN

DAGMAR UND ALBRECHT GENZEL AUS HANNOVER
BEI EINEM AUSFLUG MIT IHREN ZWILLINGEN

Radeln ist Silber, Liegen ist Gold

Liegeräder

Die Idee des Liegerades ist gar nicht so neu. Schon vor 70 Jahren haben sich die Konstrukteure damit beschäftigt. Die Vorteile sind auch überzeugend: Geringerer Luftwiderstand, bequemer Sitz, bessere Ausnützung der Kraft beim Treten durch die Abstützung des Rückens. Das Aufsehen, das man mit so einem Gefährt erregt, ist allerdings nicht jedermanns Sache und ist vielleicht auch der Grund, warum sich diese gute Idee noch nicht so recht durchgesetzt hat.

Das große Vorbild für die meisten der folgenden Konstruktionen ist das "Avatar 2000", das G. Wilson vor einigen Jahren am berühmten Masachusetts Institut of Technology in USA entwickelte. Dieses sehr schöne und sauber gebaute Liegerad, das in Kleinserie hergestellt wird, hat nur einen großen Nachteil – es ist sehr teuer. Und so griffen einige Liegeradfans zu Säge und Schweißgerät und erfüllten sich auf diese Weise ihren Wunschtraum ein bißchen billiger.

Gefedertes Liegerad Peter Mickenbecker, Darmstadt (Foto: Roman Größer, Riedstadt)

Peter Mickenbecker studiert Industrie-Design. Schon lange beschäftigt er sich mit dem Bau von Fahrrädern. Zusammen mit seinem Freund Gerhard John gründete er eine Selbsthilfewerkstatt, in der Fahrräder repariert werden, aber auch Neues entwickelt wird.
Als seine Freundin nach Marburg umzieht, ist natürlich Ehrensache für ihn, die 120 km dorthin mit dem Rad zurückzulegen. Und weil ein Rennrad zwar schnell, aber nicht sehr bequem ist, beschließt er, sich ein Liegerad zu bauen.

Nach eingehendem Studium vorhandener Liegeräder bei einem USA-Aufenthalt hatte er da eine Menge gesehen und beginnt mit dem Bau. Das Rad wird nicht auf dem Reißbrett geplant, sondern im wahrsten Sinne des Wortes mit "Erfahrung".

"Am Anfang war alles nur gesteckt und geschraubt, um es jederzeit verändern zu können, später geschweißt und blind genietet. Fertig wird das Ding nie, weil ich immer nach Besserem suchen werde."

Dieses Vorgehen ist allerdings nicht ganz ohne Risiko. Weil sein Rad sehr auffällig ist, wird er oft von der Polizei angehalten, und die ist manchmal nicht so begeistert von seiner provisorischen Bauweise. Erst kürzlich wurde sein Rad nach einer TÜV-Untersuchung aus dem Verkehr gezogen – "da befand es sich zugegebenermaßen gerade wieder in einem äußerst provisorischen Zustand."

Die Federschwinge ist sehr stabil, trotz geringen Gewichts und verhältnismäßig geringer Belastung der Schwingenlager. Die Kette wird über eine Umlenkrolle geführt, um den Einfluß des Antriebs auf die Federung zu vermindern.

Die Federung ist so weich, daß man trotz ganz schmaler Reifen und Felgen auch eine Treppe hinunterfahren kann.

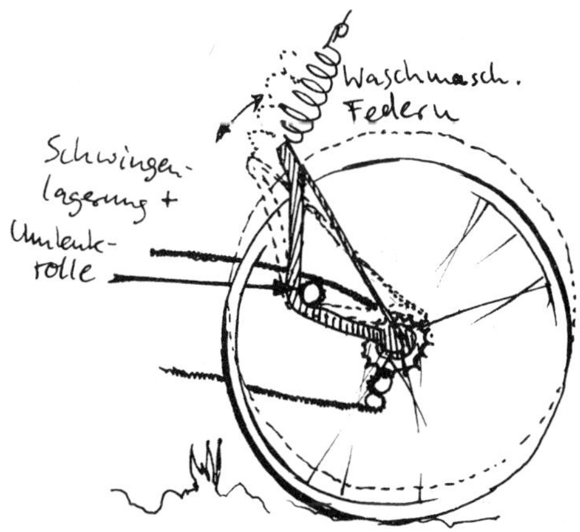

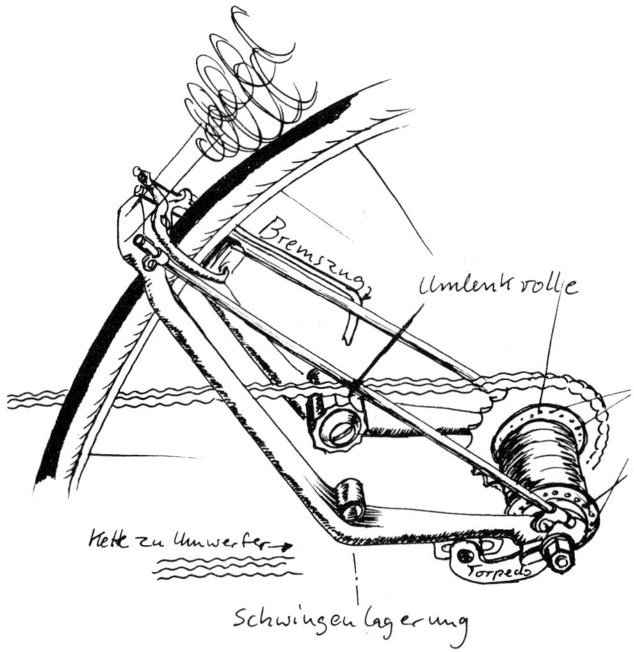

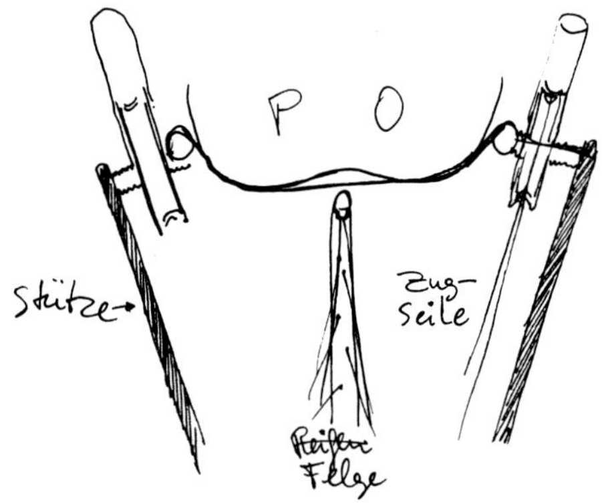

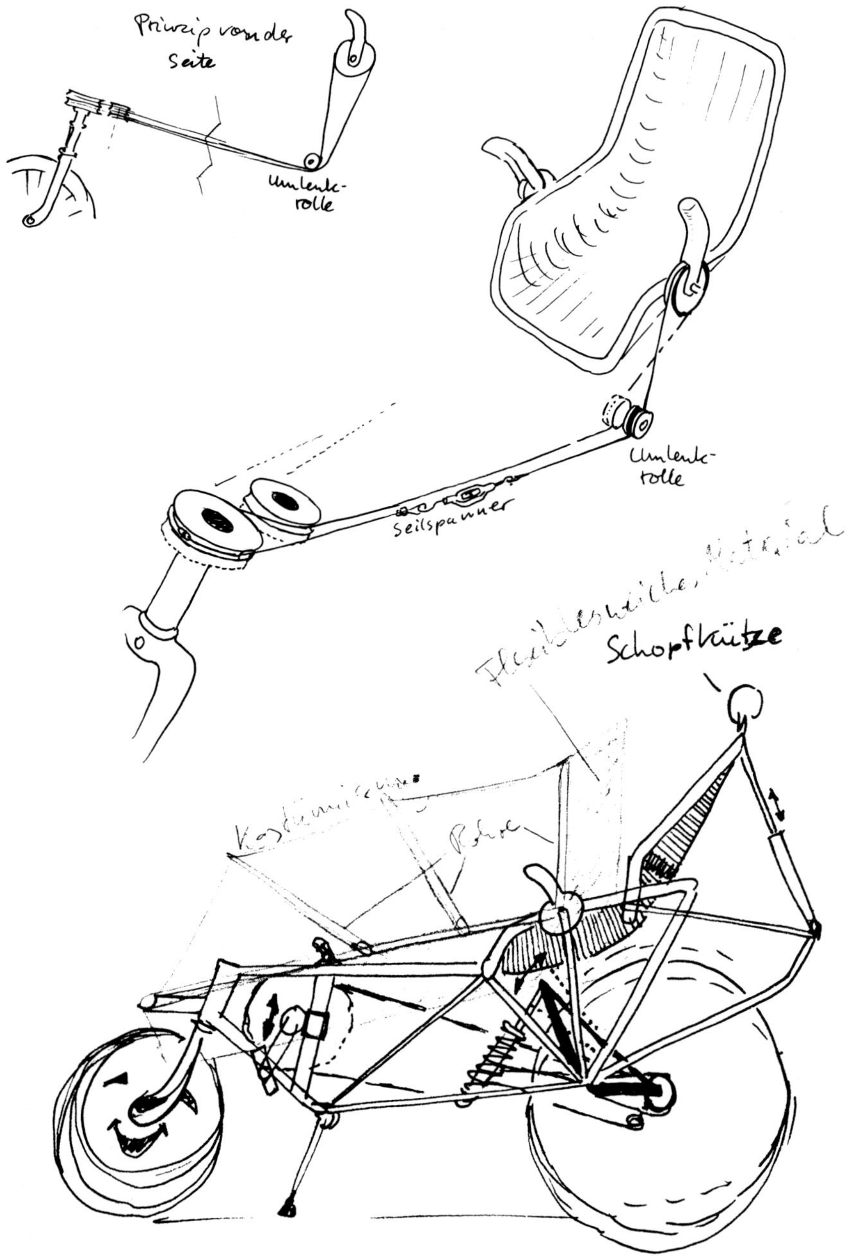

Diese zweite Version seines Liegerades hat Peter Mickenbecker gerade zusammen mit einem Rahmenbauer in Arbeit. Es ist etwas stabiler ausgelegt, damit auch der TÜV seine Freude daran haben soll, und weist einige Verbesserungen auf.

Es hat einen bequemen Schalensitz mit verstellbarer Rückenlehne, das Tretlager ist auf einem Rohr verschiebbar. Die Anordnung des Sitzes über dem Hinterrad ergibt eine kurze Baulänge. Die Lenkhebel sind seitlich angebracht, dadurch kann der Sitz ganz knapp über dem Hinterrad liegen, was die Bauhöhe und damit den Luftwiderstand gering hält. Es ist eine Verkleidung vorgesehen, die vor den Unbilden des Wetters schützen soll.

Dreirad mit Arm-Bein-Antrieb

Walter Stobb, Andernach

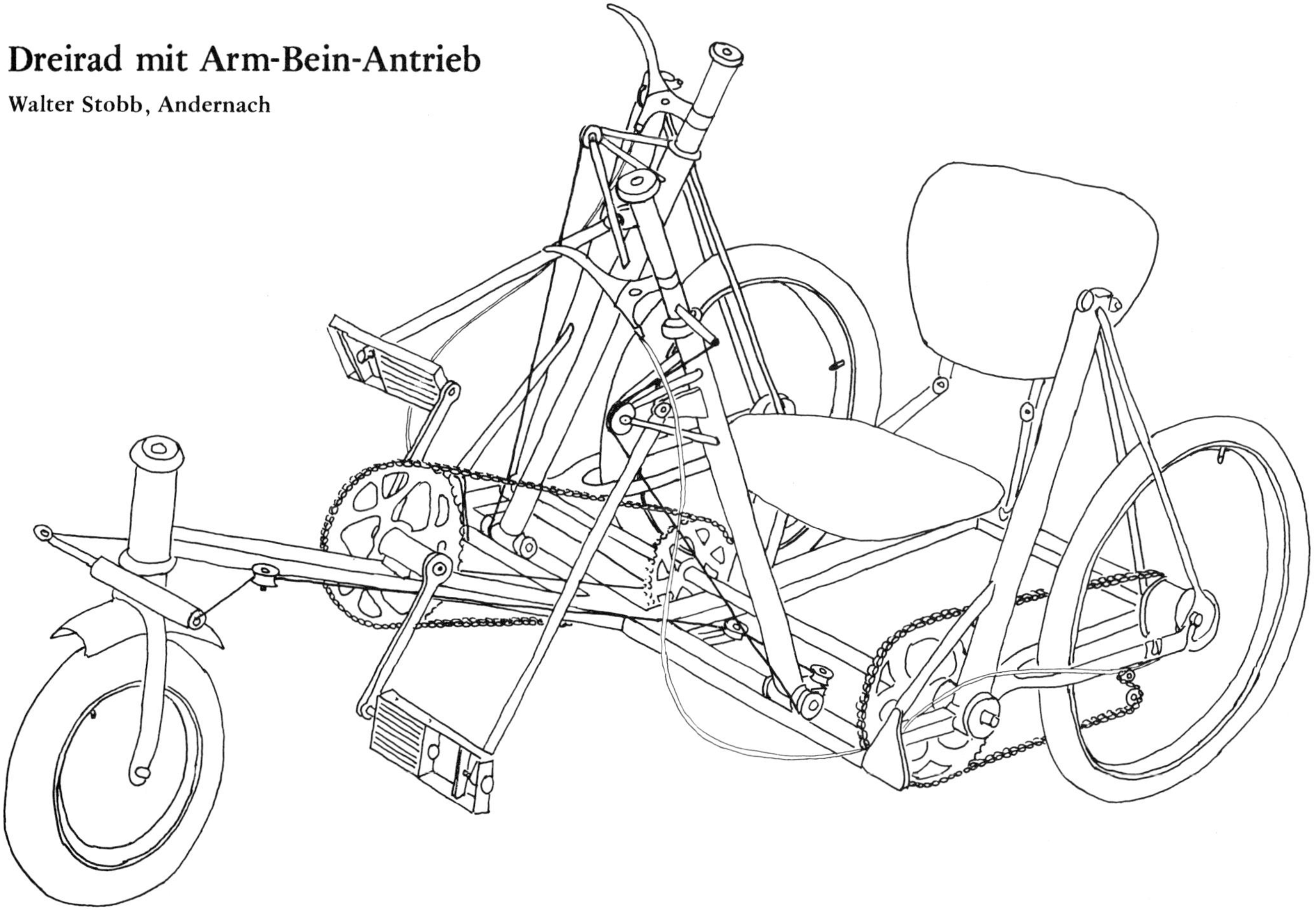

Dieses Dreirad hat der Maschinenschlosser Stobb in einem halben Jahr gebaut. Der Rahmen ist aus zwei Fahrradrahmen vom Sperrmüll und Vierkantrohren zusammengeschweißt. Die Armhebel sind durch zwei Stangen mit den Pedalen verbunden. Gelenkt wird mit den drehbaren Handgriffen, die über Seile und Rollen auf das Vorderrad wirken. Weitere Ausstattung: Zwei Trommelbremsen und 10-Gang-Kettenschaltung.

Das Modell war sehr schnell und wendig und hatte sich auch bei Urlaubsfahrten sehr bewährt. Heute allerdings existiert es nicht mehr, die Einzelteile sind zum Bau neuer Modelle, wie z.B. das nebenstehende, benutzt worden.

Liegerad

Wilfried Schönbohm, Zetel

Ausgangspunkt dieser Konstruktion waren Rennradrohre und ein Satz Muffen, den Wilfried Schönbohm bei einem Radsport-Versandhaus als Bausatz kaufte. Dadurch waren die Winkel des Rahmens vorgegeben, und er mußte eine Weile probieren und zeichnen, bis er diese formschöne und funktionale Lösung fand. Die zwei langen Rahmenrohre sind aus mehreren Rohren alter Rennräder zusammengesetzt. Der Sitz ist aus Glasfaser und Polyester geformt.

Über ein Jahr lang hat er während seiner Lehre als Feinmechaniker nach Feierabend an dem Rad gebaut. Durch die Verwendung hochwertiger Teile betrugen die Baukosten immerhin 800,– DM.

Das Rad hat sich inzwischen sehr bewährt. Wilfried benutzt es als sein Alltagsfahrzeug und fährt damit in die Schule nach Wilhelmshaven, 18 km jeden Tag. Dabei macht er so seine Erfahrungen mit dem staunenden Publikum: "Als das Liegerad 'mal kaputt war und ich mit einem normalen Rad gefahren bin, kam mir das total komisch vor. Keiner hat mehr geguckt, kein aufdringliches Hupen, keine Zurufe, Bemerkungen oder Grüße. Daran hatte ich mich schon gewöhnt."

Zwei Sesselräder

Reinhard Fritz, Bochum

Auch Reinhard Fritz war von Wilsons Liegerad sehr beeindruckt – vor allem von dem stolzen Preis. Und deshalb beschloß er, solch ein Rad selber zu bauen.

Die Basis der Konstruktion ist ein alter Damenradrahmen (26"-Rad), der durch zwei Vierkantrohre mit dem Vorderteil eines Kinderrades verbunden ist. Das Tretlager mit den kurzen Rohrenden stammt von einem weiteren Rad. Die Schweißarbeiten ließ er in einer Schlosserei machen, die Teile hat er fast alle auf dem Schrottplatz gefunden.

Als die schwierigsten Bauteile erwiesen sich Lenkung und Sitz. Es brauchte eine Menge Versuche, bis die beste Form für die indirekte Lenkung gefunden war: Die Anordnung des Lenkers unter dem Sitz, über zwei Stangen mit dem Gabelrohr verbunden. Der Sitz ist beim Sesselrad ein sehr wichtiges Bauteil, da sich Gesäß und Rücken des Fahrers beim Treten dagegen abstützen, er muß stabil und bequem sein. Die "Gartenstuhl-Konstruktion" ist hierzu wohl besser als ein starrer Sitz.

Das komplette Rad wiegt 24,5 kg und ist 2,35 m lang. Es hat sich im Alltag und bei Ausflugsfahrten sehr bewährt, und Reinhard Fritz hat schon über 2000 km damit zurückgelegt.

Inzwischen hat er ein weiteres Modell gebaut, mit einem sehr eleganten Rahmen, direkter Lenkung, einer Kettenschaltung und weitem Übersetzungsbereich und einem noch bequemeren Sitz.

Chopper

Jens Grawert, Kiel, assistiert von Christian Kuhtz (im Bild)

Bauanleitung

Benötigt werden zwei alte Rahmen von Damenrädern und ein Klappradrahmen.

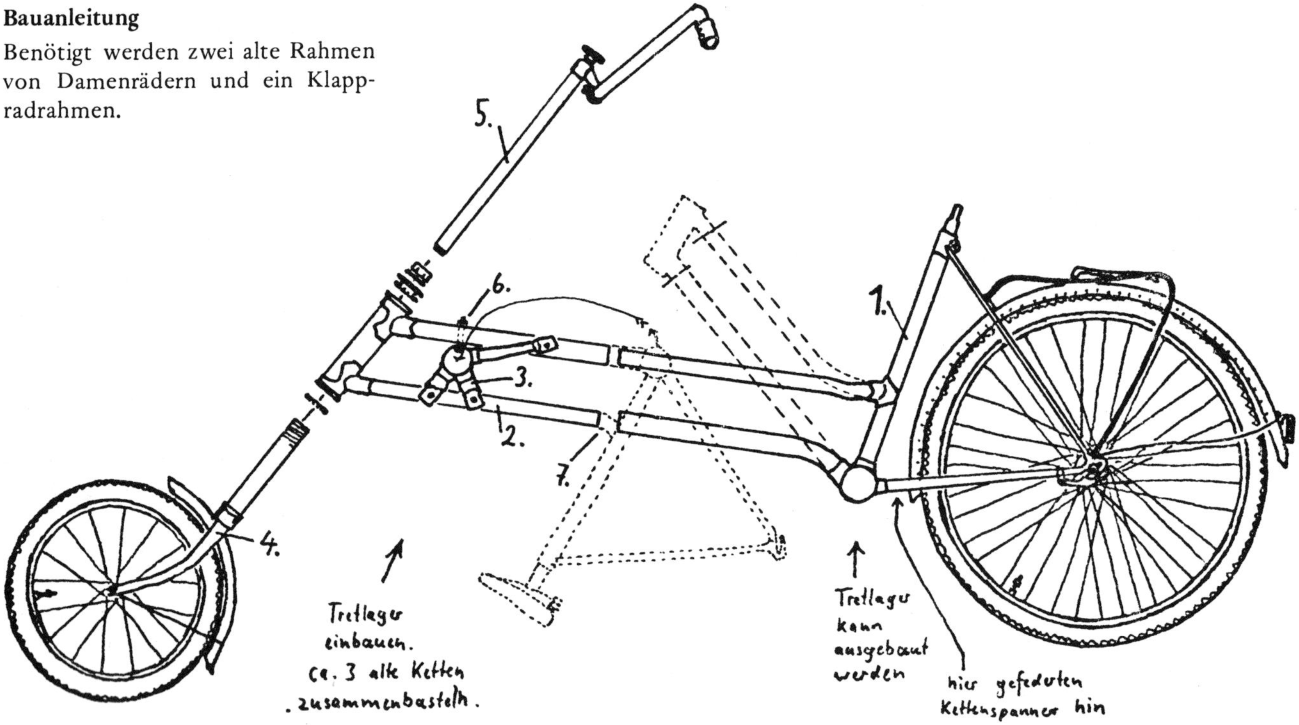

1. Ein 26"- oder 28"-Damenfahrrad am Rahmenkopfrohr absägen, Ober- und Unterrohr nach unten biegen (hierzu mit Sand vollstopfen und evtl. erhitzen, besser: passende Stahlspirale reinstecken, damit's keinen Knick gibt.)
2. Einen zweiten Damenradrahmen am Steuerrohr durchsägen, so daß Rahmenkopfrohr und Ober- und Unterrohr so lang wie möglich bleiben. Dieses Vorderteil wird später (7.) mit 1. verbunden.
3. Von dem zweiten Rahmen stammt auch das Tretlager mit kurzen Rohrenden vom Sattelrohr, Unterrohr und der Hinterradgabel daran.
4. Gabel und Vorderrad eines Klapprades, die Gabel wird etwas nach vorne verbogen.
5. Lenker des Klapprades, der Vorbau nach hinten gedreht.
6. Befestigung des Tretlagers: So weit vorne wie möglich. Die Pedale dürfen aber nicht ans Vorderrad stoßen! Eine Schraube wird durchs Oberrohr in die Tretlagerhülse gesteckt. Sattelrohr- und Unterrohrstummel werden aufgesägt, genau passend gefeilt und so geformt, daß das Unterrohr des zweiten Rahmenteils etwas umgriffen wird. Die Hinterradgabel-Enden bleiben etwas länger. Sie werden plattgeklopft und dem Oberrohr angepaßt. Durchbohren und Schrauben quer (M 6 Maschinenschrauben Güte 8.8) durch Muttern sichern.
7. Die Rohrenden werden der Körpergröße des Fahrers entsprechend zusammengesteckt. Das äußere Rohr wird eingeschlitzt und eine Schelle darum gebastelt, z.B. die Sattelschelle des Klapprades. Nach dem Anpassen Löcher quer durch die Verbindungsstellen bohren und Schrauben durch. Gegen Verdrehen sichern.

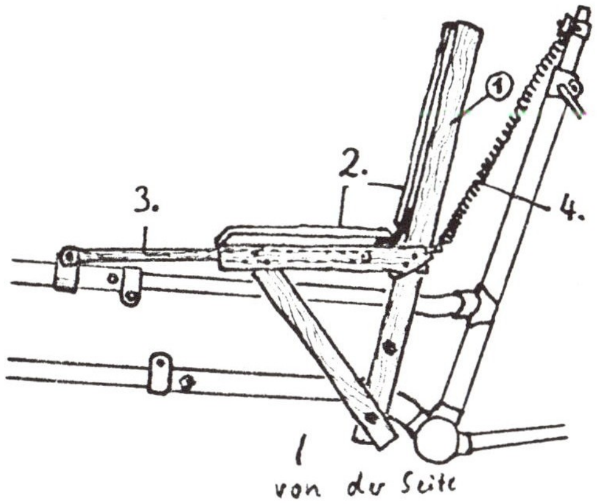

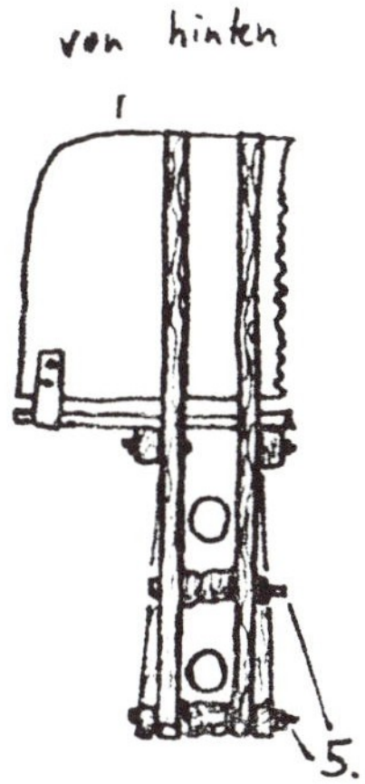

Und jetzt wird der "u

1. Das Sitzgestell be
2. Sitzfläche und Le
   wand eines Sperrn
3. Für die Aufhäng
   bietet sich die
   Rahmens an. Es
   einem alten Büge

   Die Enden werd
   Schelle auf den
   bleiben. An den
   festgeklemmt un
4. Mehrere Spiralfe
   zusammengehak
   schläuche zur V
   werden. Die Span
   schieben der Sattelst
5. Durch zwei Schraube ... ander verbunden. Und dadurch ... derweg nach oben und unten begrenzt. Es empfiehlt sich, die Schrauben mit Fahrradschlauch zu umwickeln, damit der Anschlag nicht so hart ist.

Laut Auskunft seiner Erbauer fährt der Chopper "obertoll" und "superschnell", so daß es kein Problem sein soll, auch Mofas und Rennrädern davonzufahren. Und das mit einem bißchen Schrott und etwas handwerklichen Geschick.

I ride, I ride my bike
Freizeiträder für Lebenskünstler

Fera

Matthis Wild, Intschede bei Verden

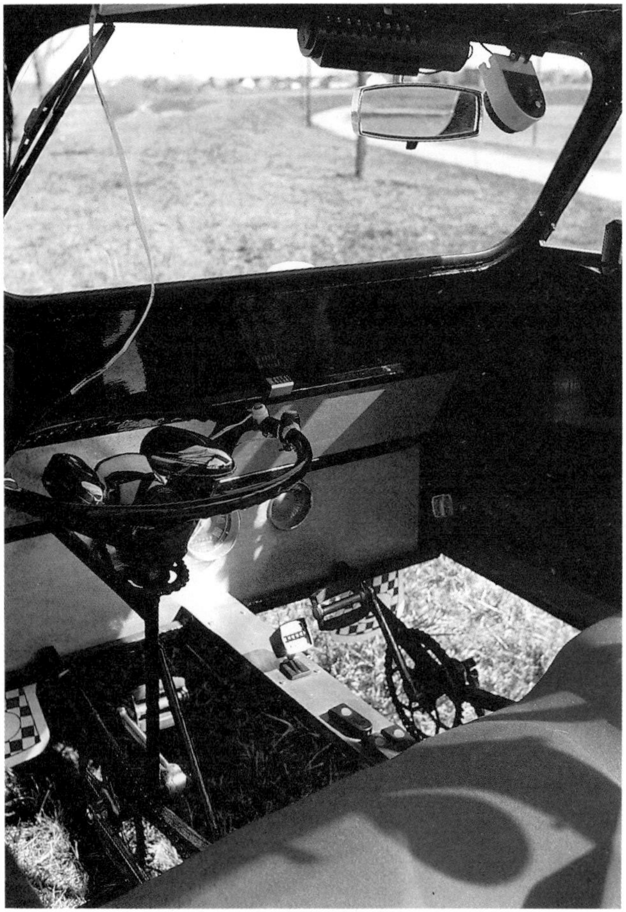

Matthis war 15 Jahre alt, als er sich vornahm, dieses pedalgetriebene Fahrzeug zu bauen. Vorher hatte er schon einige Seifenkisten-Renner gebaut, diesmal sollte es ein "richtiges" Auto werden. Rund 1 1/2 Jahre hat er dann in den Schulferien und wann immer er sonst Zeit hatte daran gebaut.

Zuerst konstruierte er aus zwei alten Fahrrädern und vielen Metern Eisenrohr das Untergestell und den Antrieb des Zweisitzers. Auch der Beifahrer kann mittreten – er treibt dann ein kleines Rad an, das zwischen den beiden 28"-Hinterrädern angebracht ist, das fünfte Rad am Wagen. Die Karosserie besteht aus einem Rohraufbau, auf den dünnes Stahlblech aufgenietet wurde.

Bei diesem Modell besticht besonders die opulente Ausstattung: Licht, Blinkanlage, Radio, Tachometer, Uhr, Thermometer, Scheibenwischer vorn und hinten, zwei Ventilatoren (besonders im Sommer kann dem Fahrer ganz schön warm werden) und diverse Hupen, alles von einer Autobatterie betrieben.

Matthis benutzt sein Fera (der Name ist das lateinische Wort für "Wild") gern zum Einkaufen. Der große Kofferraum und der Gepäckträger sind hier sehr praktisch. Und er fährt auch schon mal damit in die Schule nach Verden.

Bitter beklagt er sich über die Autofahrer, die die pedalgetriebene Konkurrenz oft sehr rücksichtslos behandeln.

Autos mit Motor interessierten Matthis inzwischen auch sehr. Er hat sich aber fest vorgenommen, noch ein Nachfolgemodell zu bauen, bei dem er seine Erfahrungen verwerten will. Dann soll alles noch stabiler und leichter werden.

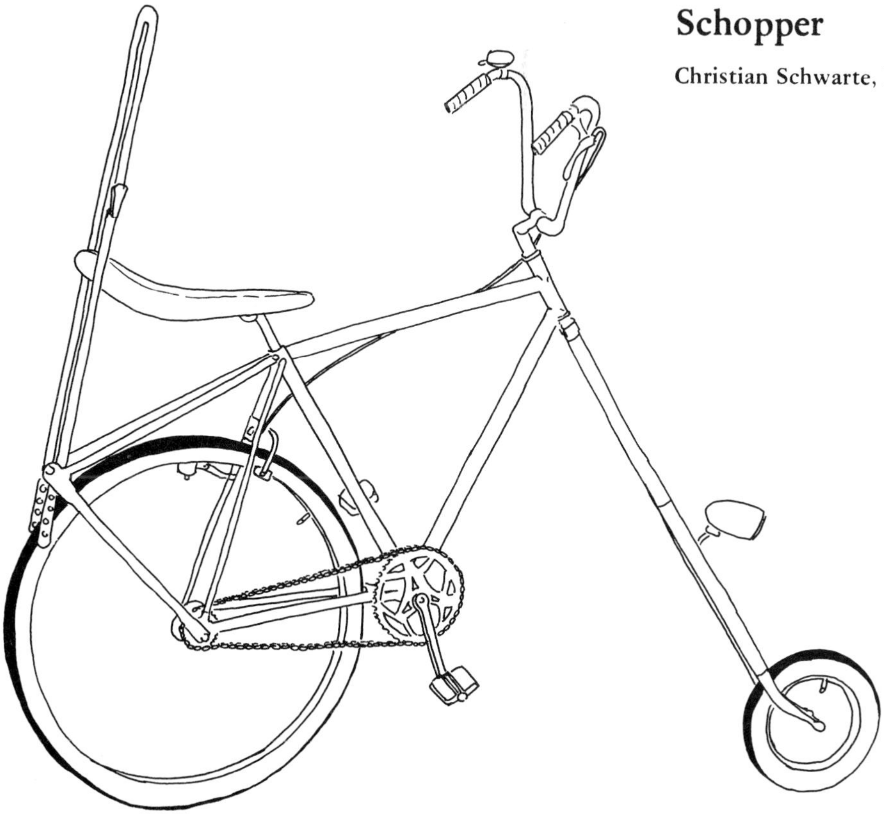

Schopper

Christian Schwarte, Itzehoe

Dieses Rad für Easy-Rider ist recht einfach nachzubauen. Die Gabel wird kurz vor der Biegung durchgesägt und durch zwei ineinandergesteckte Rohre verlängert. Der abgeschnittene Rest der Gabel wird unten wieder hineingesteckt. Christian empfiehlt dringend, die Teile der Gabel miteinander zu verschweißen, da die Belastung doch recht groß ist.

Die Halterung für den Bananensattel besteht aus dem Hinterbau eines anderen alten Rades. Er wurde am Tretlager abgesägt. Vorne wird ein altes Rollerrad eingebaut, hinten ein 28"-Rad mit Dreigangnabe. Und schon kann's losgehen, der Sonne entgegen.

Cross-Rad (geländegängiges Rad)

Michael Herchenröder, Darmstadt

Michael ist Gymnasiast und betreibt in seiner Freizeit zusammen mit einem Freund eine Fahrradwerkstatt in einer umgebauten Garage – aus Freude am Fahrradbasteln und Bauen und auch, um sich nebenbei ein bißchen Geld zu verdienen.

Die Idee zu diesem "Mountainbike" mit Federung kam ihm übrigens schon bevor diese neue Mode-Sportart aus den USA zu uns kam. Er sieht sein Fahrzeug weniger als Sportgerät fürs Gelände, sondern als Tourer, auf dem es sich auch abseits der Straße mit viel Gepäck komfortabel fahren läßt.

Am meisten Spaß macht es ihm, im Dunkeln einen Feldweg entlangzusausen, wegen der weichen Federung schreckt ihn dann auch das tiefste Schlagloch nicht.

Die Basis der Konstruktion ist der Rahmen eines alten Herrenrades (26"), von dem Michael den Hinterbau absägte. Die hintere Federschwinge hat er selbst aus Vierkantrohren elektrisch zusammengeschweißt. Das Schwingenlager und die Radaufhängung hat ihm sein Bruder gebaut, der eine Lehre als Feinmechaniker macht. Die hinteren Dämpfer und die Vorderradgabel stammen von einem Motorrad, die hydraulisch betätigte Scheibenbremse von einem Mokick und der Lenker von einem Cross-Motorrad. Es ist eine 3-Gang-Rücktrittnabe mit einem zusätzlichen Kettenspanner eingebaut. Gewicht: ca. 25 kg, Baukosten: 132,– DM.

Wer sich von diesem Rad zum Nachbauen anregen läßt, sollte schon recht gut schweißen können. Sonst könnte die erste Probefahrt im Gelände schnell die letzte gewesen sein.

Easy Rider

Dieter Reumann, Itzehoe

Wenn jemand dieses Fahrzeug sieht, ist immer die erste Frage: "Und wo ist der Motor?". Den gibt's nicht, aber Dieter Reumann hat viele andere Teile von Kraftfahrzeugen verwendet. Als erstes fiel ihm der Reifen von einem VW-Käfer in die Hände, und darum herum baute er seinen Easy Rider. Zwei Jahre lang hat er geplant und das Material dazu vom Schrottplatz und aus dem Sperrmüll zusammengesucht und ein Jahr daran gebaut. Die Hinterradnabe mit Trommelbremse stammt von einem Mofa, die vordere Feder-Schwinge von einer alten NSU-Quickly. Die Scheibenbremse ist Marke Eigenbau. Die Vorderradgabel ist über einen Meter lang. Freilauf und selbstgebaute Kettenschaltung sitzen unter der Verkleidung in der Mitte. Bis auf die Schweißarbeiten hat Dieter Reumann alles selbst gemacht. Materialkosten: rund 150,– DM.

L'art pour vélo
Fahrradkunst

Der Radler-Zirkus von Bremen

Als Junge begann Wolfgang Maschak mit dem Kunstradfahren in einem Bremerhavener Sportverein. Später, als Lehrerstudent, trainierte er die Jugend des Vereins. Aber das Kunstradfahren, als Leistungssport betrieben, wurde ihm und den Jugendlichen irgendwann fragwürdig. Konkurrenz, Wettbewerb, Streß, wo blieb da der Spaß für sie und die Zuschauer? Die Begegnung mit einer freien Theatergruppe brachte sie auf die Idee, ihre Kunstfertigkeit anders einzusetzen, sie gründeten den "Radler-Zirkus".

Als erstes mußten sie eine Menge dazulernen, denn kunstvoll Radfahren allein reicht nicht für eine Theatergruppe. So beschäftigten sie sich mit der Geschichte des Fahrrades, mit Zirkus und Theater. Sie entwarfen neue Fahrräder, lernten jonglieren, lernten, wie man Texte erarbeitet, Theater spielt, das Publikum mit einbezieht. Sie dachten sich Clowns-Nummern und neue Kunststücke aus.

1980 stand ihre erste Revue "Ganz schön gerädert". Inzwischen war Birgit zu der Gruppe gestoßen, sie konnte zwar nicht mit Radartistik, wohl aber mit einem Akkordeon dienen, so daß der Zirkus jetzt auch mit einem eigenen Orchester glänzen konnte. Es folgte u.a. die "Klamaukrevue" und dann als erstes "richtiges" Theaterstück: "Was will der Mond im Zirkus?" nach einer Geschichte von Heinrich Hannover. Von ihren nächsten Stücken wollten sie noch nichts verraten, nur so viel: Ein "Krimi auf Rädern" soll dabei sein.

Sie spielen überall da, wo sie Publikum finden können: Auf der Straße, in Schulen und Freizeitheimen. Ihre Räder, darunter ein Hochrad und zwei Einräder mit zwei Meter Sattelhöhe, entwerfen sie selbst, und Freunde bauen sie dann für sie. Mindestens zweimal in der Woche treffen sie sich. Üben auf den Rädern, probieren ihr Theaterspiel, überlegen sich Texte und Stücke.

Berrit, Renate und Thomas gehen noch zur Schule oder in die Lehre. So können sie nur an Wochenenden oder mal nach Feierabend auftreten. Wolfgang, alias "Pepito, der Clown" ist inzwischen Lehrer für Sport und Deutsch – und arbeitslos. Auch deshalb wünscht er sich, daß er und die anderen Mitglieder der Truppe einmal von ihrer Arbeit leben können. Aber das ist nicht so einfach. Die Zuschüsse, die sie als freie Theatergruppe bekommen, fallen recht kärglich aus. Einen Jugendfördererpreis der Stadt Bremen haben sie in diesem Jahr bekommen. Dies und vor allem die Begeisterung ihrer Zuschauer bestärkt sie, weiterzumachen, und so sind sie weiter unterwegs mit ihrem kleinen Wohnwagen, vollgepackt mit Rädern und Requisiten.

Velo-Objekte

von Wolfgang Zach, Bremen

Nicht Artistik auf dem Rad, sondern Kunst auf Rädern macht Wolfgang Zach. Auf die Idee, Fahrradteile als Werkstoff für künstlerische Objekte zu verwenden, ist der Maler, Zeichner und Bildhauer Anfang der siebziger Jahre gekommen. Die verschiedenen Rohre, Lager und beweglichen Teile des Fahrrades sind ideales, leichtes und stabiles Ausgangsmaterial für kinetische Skulpturen.

Zach möchte spielerisch mit Technik umgehen, die ästhetischen Qualitäten von Mechanik und Bewegung hervorheben. Am wichtigsten aber ist es ihm, den Betrachter und Benutzer seiner Objekte in eine absurde Situation zu bringen, ihm ein neues, ungewohntes, verblüffendes Körpergefühl zu verschaffen.

Und so sieht er diese Kunst am liebsten nicht in der musealen Abgeschiedenheit einer Ausstellung, sondern in Benutzung, bei Straßenfesten und Umzügen. Da stürzen sich die Kinder und Erwachsene gleichermaßen auf seine Werke, und die Frage "Ist das denn Kunst?" wird gar nicht erst gestellt; dafür macht alles viel zuviel Spaß.

Der Künstler auf seinem Objekt: Einachser (1980)

Fahrrad mit sechs Vorderrädern (1976)

Zweirad (1972)

Zuschauertribüne (1976)

Das Velolaboratorium des Andreas Naegeli in Zürich

Das Velolaboratorium ist keine Fahrradwerkstatt im üblichen Sinn. Bei meinem Besuch in Zürich sehe ich: Hier lebt einer mit dem Fahrrad. Andreas (auf dem Bild in der Mitte) wohnt im Haus seiner Eltern. In bester Züricher Wohngegend hat er sich das halbe Erdgeschoß ausgebaut. Ausstellungsraum für Velo-Modelle, Arbeitszimmer und Wohnung gehen ineinander über. Der Weg zur Werkstatt – nur ein paar Schritte durch den Garten.

Schon als Junge hat er sich fürs Fahrrad interessiert, wiederentdeckt hat er es zur Zeit der Ölkrise und richtig los ging es bei einer Fahrradausstellung in Zürich, im Frühjahr 1983. Da hat er einen "römischen Streitwagen" gebaut, ein Karren, gezogen von mehreren gelenkig miteinander verbundenen Fahrrädern.

Früher hat er eine Holzwerkstatt gehabt, er ist gelernter Tischler, bei einem Schlosser hat er sich die Grundbegriffe der Metallverarbeitung abgeguckt. Zusammen mit Robert Stolz und anderen Freunden hat er dann das Velolaboratorium gegründet. Er hofft, einmal ganz davon leben zu können, er importiert und montiert dänische Lastenfahrräder und das "Sölling-Petersen-Rad" (es ist auf der Zeichnung zu sehen), er baut Räder für alle denkbaren Zwecke um – zum rollenden Tee-Verkaufsstand, zum Lastentandem für Maler, zum Hochzeitsfahrrad, auf dem der Bräuti-

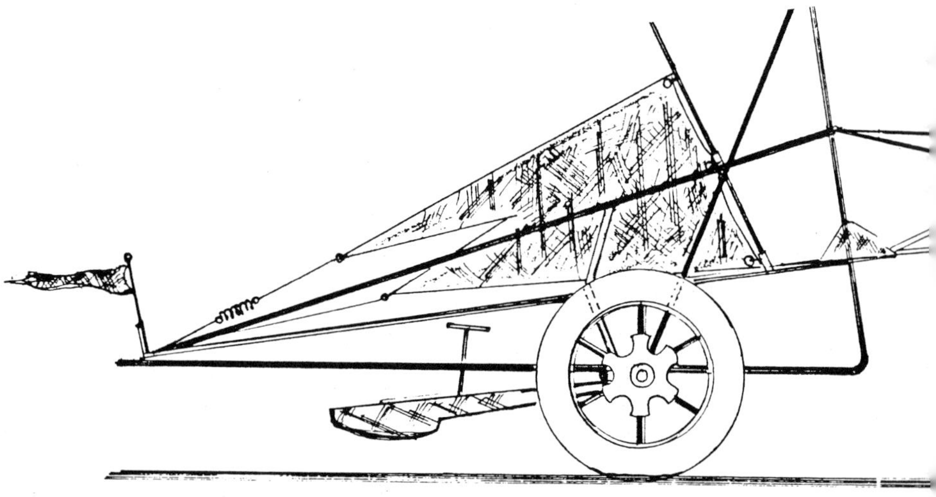

gam die Braut zur Trauung fährt. Und er arbeitet weiter an dem Problem, das ihn am meisten interessiert, den Verbund mehrerer Fahrräder zu Fahrradgespannen.

Seine Vorstellungen entwickelt er mit Phantasie und Draht; filigrane Modelle entstehen, die er dann mit dem Schweißgerät Wirklichkeit werden läßt. Er ist fasziniert von den technischen und auch den ästhetischen Möglichkeiten des Fahrrades. "Mir geht es darum, die Vielseitigkeit des Fahrrades zu zeigen und in spielerischer Weise Utopien Gestalt annehmen zu lassen."

Auf einen Blick

Kontaktadressen

1. Lastenbeförderungsräder		Seite
Dreirad	Franz Schimmelpfennig Wintringerstr. 36 6601 Kleinblittersdorf	10
Stadtfahrrad	Peter Reimspiess Römerstr. 70 7000 Stuttgart 1	11
Rikscha	Dieter Kempass Schleswiger Str. 4a 2390 Flensburg	12
Dackel	Georg Böhmeke Rosenweg 27 3002 Wedemark 1 / Mellendorf	14
Knickrad	Jens-Peter Hartke Dieckstr. 50 4400 Münster	15
Bak Fiets	Fahrradwerkstatt Glocksee Glockseestr. 35 3000 Hannover 1	16
Transportdreirad "Colibri"	SJWG-CO 13 Velowerkstatt Rainer Müller Colmarer Str. 13 CH-4055 Basel	18
Müllfix	Christian Kuhtz Dammstr. 44 (Hinterhs.) 2300 Kiel	19

2. Stand der Fahrrad-Technologie		Seite
Leitra-Dreirad	Karl-Georg Rasmussen P.O. Box 64 DK-2750 Ballerup	27
Dreirad	Bernhard Kleinhenz Gut Lethe 2907 Ahlhorn	28
High-Seater	Hans Joachim Bünder Spradower Weg 14 4983 Kirchlengern	30
Dreirad mit Keilriemenautomatik	Ulrich Böttner (z.Z. im Ausland)	32
Holz-Dreirad	Volker Winkelmann Wuppertaler Str. 76 4322 Sprockhövel 1	34
Duo-Lenk-Trieb-Rad	Dieter Reumann Fischdiek 57 2210 Itzehoe	34
Sessel-Dreirad	Michael Vieten Erpenbeck Allee 8 4519 Glandorf	35
Tramper-Fahrrad	Christian Kuhtz (s. unter 1.)	36
Solarvelo	Gernot Schneider Bofeld CH-5340 Baar/ZG	38